悅讀中國

尋找毛烏素：中國沙漠的綠色傳奇

肖亦農 著

人類只是自然界的一部分，
　　自然界永遠不會順從人類。

引言 007
—— 毛烏素沙漠的秋天好喧囂

01 章
蒼鷹盤繞的灰沙梁呀，
那是我的家鄉 021

02 章
毛烏素沙漠，
一片遠去的雲 051

03 章
泛著青色霧靄的遠方
啊，那是牧人的夢想 089

04 章
草原上最誘人
的花香，是那
五月開放的玫瑰 149

05 章
駿馬似箭掠過草浪，高
亢的嘶鳴留在路上 197

尾篇 247
── 想起了郭小川

引言
毛烏素沙漠的秋天好喧囂

深秋的毛烏素沙漠天高雲淡，不由得讓人思緒幽遠。驅車行駛在黑油油的沙漠公路上，放眼望去，覆蓋沙丘的無邊草浪已經呈現了薑黃，草尖上沾著薄薄的白霜。大片大片的沙地柏，綠得發黑、油亮，就像是給沙漠鋪上了一層厚厚的綠色絨氈。滿山遍野的樟子松、油松挺立在秋風之中；株株柳樹、白楊樹在高高的藍天下彰顯著難以言狀的華貴雍容。雲朵般的畜群自由出沒在茫茫草浪裡。秋意深深的毛烏素沙漠就像一幅幅絢麗多彩的俄羅斯油畫展現在我的眼前。

綠染毛烏素沙漠

　　霜降一到，草木停止生長，在鄂爾多斯毛烏素沙漠上實施的嚴格的禁牧措施有了鬆動。牧人們打開了棚圈，將關了一個春夏的馬兒牛羊全部趕進了毛烏素沙漠和草原上。馬兒牛羊像被大赦的囚犯享受著自由帶來的狂歡。

　　在西元二〇一一年的深秋，我終於見到了傳說中的「天蒼蒼，野茫茫，風吹草低見牛羊……」

　　我已經整整在鄂爾多斯高原生活了四十一年。現在，行進在草浪飄動的毛烏素沙漠上，我不時地問自己：你何時見過這般讓人心醉的草原？這還是你的第二故鄉嗎？

　　曾經的毛烏素沙漠是個什麼樣子呀？也許人們已經記不起它的舊日容顏了。毛烏素沙漠又稱烏審沙漠，在鄂爾多斯高原就占據了三萬餘平方公里。它

南臨明長城，囊括了鄂爾多斯的西部地區，幷包括陝北榆林市的安邊、定邊、靖邊、神木等縣的部分地區，這些地區都曾是鄂爾多斯蒙古族烏審部落的游牧地。烏審沙漠是中國沙塵暴的重要源頭。人們說它是一年一場風，從春刮到冬。

我從踏上鄂爾多斯高原那天就知道，烏審沙漠是貧窮的代表。上個世紀八〇年代末，我曾陪《十月》副主編張守仁先生及夫人陳恪女士去烏審旗巴圖灣采風，天降大雨，被困在毛烏素沙漠裡。最後碰到一個熱心的騎摩托車的鄉郵員，才把我們帶到了圖克蘇木的一個牧戶家。那家不大的茅屋裡擠滿了被困在路上的人。我們想找口吃的，可那家糧食已經用光了，好客善良的蒙古大嬸只得一碗一碗地給我們上著紅磚茶。最後還是那位鄉郵員冒雨跑出去，不知從什麼地方弄回來了一些煮雞蛋。那天夜裡，牧人家那條大土炕上至少擠了男女老少十幾口。

現在談起鄂爾多斯和毛烏素沙漠的生態建設，許多專家、學者都愛引用這麼一段流傳在鄂爾多斯高原上的順口溜：「50 年代風吹草低見牛羊，60 年代濫墾亂牧鬧開荒，70 年代沙逼人退無處藏，80 年代人沙對峙互不讓，90 年代人進沙退變模樣，新世紀產業鏈上做文章……」

蒼黃的沙漠是鄂爾多斯的底色。人們開玩笑說：鄂爾多斯的雞蛋裡都帶著沙子。順口溜中講的五〇年代的風吹草低見牛羊，我是不大相信的。因為在二百多年前，清人無名氏就曾填過這樣一首詞，描述鄂爾多斯的自然風貌：

　　　　「鄂爾多斯天盡頭，窮山禿而陡，四月柳條抽。

　　　　　一陣黃風，不分昏與晝。

　　　　　因此上，快把那『萬紫千紅』一筆勾。」

毛烏素和庫布其沙漠這兩條黃龍在鄂爾多斯攪動翻捲了上千年。揚起的沙塵甚至漂洋過海。本世紀初，我接待過一個日本的環保女作家，她告訴我，毛烏素沙漠的沙塵已經飄浮到了日本。她希望能給她安排一間帶獨立衛生間的房間，可找遍了烏審旗的招待所，竟然找不到。在伊克昭盟的首府東勝倒是有帶衛生間的標準間，可惜自來水管子裡沒有水，我只得讓服務員給她找了個大塑料桶裝水。

時值初夏，這位女作家還戴著一隻大口罩，用來過濾沙塵。一路上她不時地用濕巾擦臉，說她的皮膚受不了乾燥的氣候，需要不時補水。途中她需要方便，我們開車走了好久，才在一個小村子邊上找到一個廁所。她匆匆地跑進，然後跑出來，臉漲得就像一個熟茄子，蹲在地上大口大口地乾嘔著。她連連搖著頭說：「太可怕了，太可怕了。」

我知道她見到了什麼，烏審旗農村的路邊廁所其骯髒程度，完全可以想像。那天，我慚愧地背過臉去。

多年來，我一直在想，毛烏素沙漠何時也能現代化呢？難道我們只能向世界展示我們的原始和落後嗎？成為人們獵奇的對象嗎？毛烏素沙漠何時才能給他的兒女以人的高貴和尊嚴？

當我往事翻騰、思緒正濃時，司機發出一聲驚叫，只見一片黑糊糊的影子嗖嗖地閃過。司機說：「路邊草叢裡野雞太多了，差點把我的擋風玻璃撞爛。你看，那海子裡，那是天鵝吧？那麼多哇！」

果然，在路的南邊，有一片藍汪汪的水面。當地的蒙古人稱湖水叫淖兒和海子。海子上浮著大片大片的鳥兒，幾乎把水面遮蔽，鳥兒嘎哇鳴叫著。仔細看去，海子裡確實有無數隻白天鵝，在水面上滑來滑去。我知道這是南遷的鳥兒，暫時停在這裡做休整。藍天上，一排排大雁嘎嘎鳴叫著飛過。我不禁想起了一段往事。

　　二〇〇九年春天，我和作家劉慶邦先生受美國埃斯比基金會寫作計劃的邀請，在大西洋的彼岸一座海邊別墅裡，進行為期一個多月的寫作。這座別墅面朝維多利亞海灣，四周是黑森林，房前屋後的綠地上不時有野麋鹿、浣熊光臨。每天清晨都是棲在大杉樹上的小松鼠歡快地鳴唱將我從睡夢中喚醒。在黑幽幽的林間小路散步，不時能看到畫著熊頭的木牌掛在樹上，提醒人們，這裡有灰熊出沒。當地人告訴我們，森林中的灰熊從不傷害人。森林中有足夠的漿果和樹葉供灰熊吃，它們很少光顧人類的生活區。

　　我客居的美國西部小鎮叫奧斯特維拉，翻譯過來就叫牡蠣。這個海灣盛產牡蠣，海岸上堆著一座座小山般高的牡蠣殼，在陽光下閃著銀光。小鎮上有個女人叫蒂奧，長得胖乎乎的，臉蛋也是紅潤潤的，眉宇之間洋溢著火辣辣的美國熱情。我們是在鎮上的小教堂裡相識的，她聽說我們是從中國來的作家，便盛情地邀請我們去她家做客。第二天傍晚，翻譯冬梅女士便把我和劉慶邦拉到

了蒂奧的家門前。蒂奧的家是一幢鄉間別墅，門前掛著一隻小銅牌，上面寫著建築年代。冬梅告訴我們這幢別墅大概是林肯年代所修建的，差不多和美國的歷史一樣長。

慶邦感慨地說：美國歷史是年輕的，生態環境卻是古老的。

蒂奧和一個頗有風度的女人在門口迎接我們，這女人叫巴巴拉，是埃斯比基金會最早的創始人。我們喝著紅酒，誇讚著蒂奧的廚藝。蒂奧告訴我們，她只是農閒期間才回到這個海邊別墅度假，平時，她住在俄亥俄州的鄉村農場上。她說她的鄉間農場有二十多畝土地及一幢房子，種著菜蔬，還養著許多牛羊。她驕傲地告訴我們，她有四個兒子，一個女兒，最小的兒子剛剛四歲。

用完餐，蒂奧約我們共同看一個電視專題片，是關於氣候變暖的。看到北極的雪在融化，海平面在升高，氣候異常等等。最後，是一隻小北極熊爬在一塊浮冰上，無助地飄向灰濛濛的大海⋯⋯

蒂奧淚眼矇矓地講，希望全世界的作家關注生態，關注環保。我告訴她，我剛完成一部治理鄂爾多斯沙漠的報告文學。

巴巴拉說她要為我們講述一個明天的寓言。我們要鼓掌歡迎，巴巴拉卻優雅地擺手制止了我們。她呷了口紅酒，抑揚頓挫地吟誦開了：

從前，在美國中部有一個城鎮，這裡的一切生物看來與其周圍環境生活得很和諧。這個城鎮坐落在像棋盤般排列整齊的繁榮的農場中央，其周圍是莊稼地，小山下果園成林。春天，繁花像白色的雲朵點綴在綠色的原野上：秋天，透過松林的屏風，橡樹、楓樹和白樺閃射出火焰般的彩色光輝，狐狸在小山上叫著，小鹿靜悄悄地穿過了籠罩著秋天晨霧的原野⋯⋯

雷切爾‧卡遜　　　　　《寂靜的春天》

　　冬梅告訴我們，這是在美國家喻戶曉的《寂靜的春天》一書的開篇，在明天的寓言中，一切都開始變化，疾病襲擊了畜群、人類，到處都是死神的幽靈。當蘋果樹花要開了，但在花叢中沒有蜜蜂嗡嗡飛來，一種奇怪的寂靜籠罩了這個地方。這是一個沒有聲息的春天。這兒的清晨曾經蕩漾著烏鴉、鶇鳥、鴿子、樫鳥、鷦鷯的合唱以及其他鳥鳴的音浪；而現在一切聲音都沒有了，只有一片寂靜覆蓋著田野、樹林和沼澤……蕾切爾‧路易斯‧卡遜在上個世紀六〇年代創作的《寂靜的春天》一書，改變了美國社會。卡遜把環境問題提上國家議事日程。

　　《寂靜的春天》猶如曠野中的一聲吶喊，敲響了人類將因為破壞環境而受到大自然懲罰的警世之鐘。正是有了《寂靜的春天》才有了聯合國的「世界地球日」。《寂靜的春天》無疑是現代環境保護運動的第一聲號角，被譽為「世界環境保護運動的里程碑」。 卡遜被美國《時代週刊》評選為二十世紀最有影

響的一百個人物之一。

巴巴拉說，卡遜是她永遠的偶像，是美國婦女的驕傲。蒂奧說，卡遜雖離我們遠去了，但我們都愛她。

對卡遜，我只知道她是個生物學家、科普作家同時也是身患絕症的環保鬥士，與能給工業寡頭帶來巨大利潤的殺蟲農藥 DDT 展開了不屈服的鬥爭，生前曾飽受質疑和圍攻。像我們這個年齡段的人都挨過 DDT 的熏，人們使用它時都要戴幾層口罩，結果蟲子殺死了，人也被熏暈過去了。也許 DDT 這個曾獲諾貝爾化學獎的農業殺蟲藥劑，在全球的使用是最短命的，這與卡遜的不屈抗爭有關。

巴巴拉說，在這個世界，我們還能聽到鳥兒的歌唱，人類應該感謝卡遜。

那個晚上，我也給巴巴拉和蒂奧講了一個中國的綠色傳說。在上個世紀五〇年代末期，在中國的毛烏素沙漠裡，有一個叫寶日勒岱的中國婦女，帶領村民們在寸草不生的大沙漠上植樹種草十幾年，保護住了自己的家園。她在大沙漠上創造的種樹植草方法，引起了聯合國治理荒漠化組織的高度重視，在世界範圍內推廣。在毛烏素大沙漠腹地，還有一個叫殷玉珍的中國婦女，孤獨地在大沙漠上種樹種草二十餘年，把她家園附近的六萬餘畝荒沙全部綠化。二〇〇六年，世界婦女組織提名殷玉珍為「諾貝爾和平獎」的候選人。

蒂奧和巴巴拉驚異地看著我，好像我在講一個神話。我告訴她們，我在送基金會的一部書中，就有記述這兩個中國婦女綠化植樹的章節。冬梅答應一定要將這些章節翻譯成英文送給她們，蒂奧和巴巴拉興奮地叫了起來。我說：卡遜、寶日勒岱、殷玉珍，是全人類的驕傲。保護我們生存的地球，是我們義不容辭的職責。優秀的作家、學者都應該是地球的代言人。

那天，巴巴拉衝我們鞠了一躬。

殷玉珍

薩拉烏蘇河谷中的稻田

　　如今，我沒有想到，在毛烏素沙漠一個無名的海子裡，竟然彙集著這麼多的鳥兒。不光是我，就連在烏審沙漠林業戰線工作了大半生的林業專家吳兆軍先生也同樣有許多想不到。吳兆軍先生上個世紀八〇年代到旗林業局工作，他清楚地記得當時的旗林業局就是被沙漠包圍著的兩排平房。吳兆軍當時二十二歲，身材挺拔，長著一頭濃密烏黑的好頭髮，渾身洋溢著青春的朝氣和與沙漠搏一搏的雄心壯志。就是在這被沙漠重圍的房間裡，吳兆軍開始了自己的林業治沙生涯。他參加工作三十餘年來幾乎沒有離開過林業治沙工作。毛烏素沙漠綠化了，吳兆軍的頭髮卻沙化了。

　　今年深秋，我和吳兆軍交談了一個下午。三十年來，他眼見著毛烏素沙漠

從城市退出，從烏審草原退出，人們在幾十年驅趕沙漠的進程中發展著城市，綠化著鄉村牧場。他說起老一輩的治沙英雄谷起祥、寶日勒岱，到現在的殷玉珍、烏雲斯慶。我說想聽聽他的事蹟，他摸著稀疏的頭髮，說：我真沒有什麼好說的。

談起毛烏素沙漠的植被恢復，他感慨道：毛烏素沙漠幾乎全是人工綠化的，烏審人流了多少汗水啊。

這個秋天，萬紫千紅回到了毛烏素沙漠，回到了鄂爾多斯高原。現在，烏審旗這個坐落在毛烏素沙漠中的現代化城市，已經被國家有關部門認定為首家中國人居環境示範城鎮和「中國綠色名縣」。而這一切，離那個日本女作家彎著腰嘔吐的時間，僅僅過去了八年。

短短八年，烏審沙漠為什麼發生了如此天翻地覆的變化？我帶著這些為什麼，走進了烏審大地和毛烏素沙漠。我想知道，烏審旗是如何走出「寂靜的春天」的？

也許，你只有融入毛烏素沙漠之中，親耳聆聽了毛烏素沙漠從遠古走向現代的鏗鏘律動，親眼目睹了一座座沙漠悄然消失，你才會懂得什麼叫心靈的震撼。當你撲下身子追索感受毛烏素沙漠這份變化，你才會知道是十萬烏審兒女用生命、汗水、智慧以及豐富的想像力、卓越的創造力還有渴求現代美好生活的激情，書寫了中國沙漠的綠色傳奇。

我要向廣大讀者解讀毛烏素沙漠的前世今生，告訴你一個陌生而又熟悉的毛烏素沙漠。

蒼鷹盤繞的灰沙梁呀，
那是我的家鄉　01 章

一、毛烏素、黃河與無定河

六百多年前的一個夏天，一群鄂爾多斯烏審部落的游牧人驅趕著如雲錦般絢麗的羊群、牛群、馬群穿行在如大海般的茫茫沙漠之中。他們在沙漠中艱難跋涉了多日，乾渴難遏。頭上的太陽火辣，腳下的沙粒也像是被烤熟一般，一群探頭探腦的蜥蜴不時表演著單爪撐身的高難技藝，倒換著被熱沙子快要燙熱的爪子。死寂的沙丘還不時閃動著讓人心悸肉跳的星點粼光，一堆堆乾枯的草枝，散落的白骨，無不散發著死亡的氣息。

牧人們爬上一座高高的沙梁四處眺望著，天穹下，仍是望不到邊的月牙狀的莽莽黃沙。水源和草地在哪裡呢？恐怖悄悄襲上人們的心頭。於是，牧人們跪了下來，默默地祈求著長生天……

幾隻剛出生的小春羔圍著一個老額吉淒淒地叫著。她艱難地從馬背上解下一隻幾乎乾癟的盛水的皮囊。旁人勸阻她，說這可是您老人家的活命水。老額吉拔下皮囊的塞蓋，喃喃地說：羊命也是命哇！小羊羔們吮吸著水，快活地搖動著小尾巴，老額吉眯縫起眼睛舔著乾裂的嘴唇。

爬在沙梁上吐著舌頭呼呼喘氣的幾隻牧羊犬，不時地聳動著鼻子，像是嗅到了什麼。它們汪汪地吠叫不止，然後像箭矢一樣飛速地射進了蒼黃的天地裡。

老額吉睜開眼睛，臉上浮起了絲絲笑紋，牧人們感到了希望的真實存在。

終於，牧人們走進了一片沙漠綠洲裡，他們眼前是一片沒有盡頭的茵茵草灘，灘裡還有一泓碧水。人們喝夠了水，才發現這汪水有些澀，並且滑溜溜的，都搖頭稱其「毛烏素」，意即不好的水。老額吉告訴人們，不好的水總比

沒有水好。眾人點頭道：馬兒跑的地方少彎，老人說的話沒錯。於是，這群游牧人在這裡駐紮了下來。

綠色的草灘上落滿了雲朵般的氈包，就像一朵朵盛開的白蓮花。從此，這片含水沙漠有了自己的名字：毛烏素。

這是我所知道的關於毛烏素沙漠名稱的來源。

毛烏素沙漠究竟有多大呢？我只知道它是中國的四大沙地之一，面積有四點二萬平方公里。我從青年時期就生活在毛烏素大沙漠裡，感到毛烏素沙漠就像一頭頭巨獸組成的偌大迷宮，不管你走出多遠，只要抬頭毛烏素沙漠就赫然屹立在你的眼前。

毛烏素沙漠中湖淖星羅棋佈，大小河流有數十條。其中有條名河，叫無定河，顧名思義，即河流無固定的河道。無定河身處農耕文化和游牧文化的碰撞

晚霞照耀無定河

前沿，自古以來，無定河邊就是刀光劍影的古戰場。晚唐詩人陳陶曾在無定河邊徜徉，看著戰死士兵的纍纍白骨，發出了這樣的感慨：可憐無定河邊骨，猶是春閨夢裡人。這是代代傳誦的千古名句。蒙古語稱無定河為薩拉烏蘇，意即黃水。其實無定河就是黃河的一條支流，流域面積三千多平方公里，大多是被毛烏素沙漠覆蓋的黃沙地，蒙古人也稱其為小黃河。

黃河被蒙古人稱為哈屯高勒，即夫人河。據說這是因為成吉思汗病逝西征路上，其一名愛妃悲傷至極，投身黃河殉情。蒙古人為紀念這位夫人，將黃河稱為夫人河。

數萬年來，黃河親吻著鄂爾多斯高原、黃土高原，無定河拍擊著毛烏素沙漠，帶走了鄂爾多斯和黃土高原豐腴的泥土，在黃河中、下游形成了沖積平原。而黃河環抱的鄂爾多斯高原卻是千瘡百孔、支離破碎。生活在毛烏素沙漠中的鄂爾多斯人世代被沙所累，代代貧窮。

在鄂爾多斯烏審旗流傳著這樣一首歌謠：

出門一片黃沙梁，一家幾隻黑山羊，穿的爛皮襖，住的柳笆房。

這是上個世紀七〇年代毛烏素沙區百姓生活的真實寫照。

我正是七〇年代末期走進毛烏素沙漠的。

二、我的毛烏素沙漠往事一

　　一九七七年底，我所在的一支囤墾在黃河南岸庫布其沙漠的軍墾部隊，終於落下了人沙大戰的帷幕。幾百人的連隊眨眼就剩下三二十人。盟裡要把我們這些兵團戰士在全盟範圍領就地安置，徵求我們的意見，我們幾乎是異口同聲地道：「隨便，只要離開這鬼地方就好。」

　　剛來沙漠時，我們擺出與沙漠決一死戰的態勢，我所在的北京軍區內蒙古生產建設兵團，沿著黃河兩岸一下子囤了整整四個師，足足有十萬人。我們舉著紅旗，高唱戰歌向庫布其沙漠、烏蘭布和沙漠開戰。幾年下來，我們的確在沙漠裡開闢出了綠洲，種上了莊稼，而且收穫了莊稼。據說我們生產小麥每斤成本當時已經達到五元錢，可以說是當時世界上最昂貴的糧食生產成本。但我

毛烏素沙漠中的明長城

們不算經濟賬，只算政治賬。

兩年下來，我們發現沙漠並沒有退縮一步，我們開闢出來的綠洲就像沙海中落了幾片樹葉，沙漠這個怪物只要喘口氣，就能把它吹跑。

在那人沙大戰的歲月裡，為了冬季取暖和平時生火做飯，我們掏沙蒿，砍沙柳，活剝沙漠好不容易長出的星點綠色皮毛。那時我們不知道沙漠也會疼的，也是有感覺的。

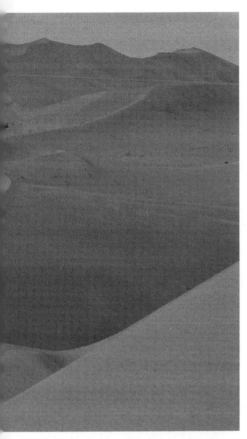

記憶中的毛烏素沙漠比這還要猙獰

人沙大戰八年，結果沙漠越戰越勇，我們卻連招架之力都沒有了，最後十萬人馬四散。我從黃河南岸的庫布其沙漠來到了無定河北岸的毛烏素沙漠裡。

當時，有個綽號叫「四眼」的北京兵，特愛看書。因他戴著一幅深度的近視眼鏡，所以落了這麼個綽號。「四眼」對我道：「兄弟，你要去的毛烏素沙漠連明長城都給吞了。明朝萬曆年間以後，朝廷最耗錢的費用就是『扒沙』，把國庫的一大半都給用了，急得萬曆皇帝和大臣們臉都是綠的。」

我問他啥叫「扒沙」？「四眼」告訴我：當時毛烏素沙漠南移，直撲長城。守邊士兵只得動員長城內的百姓無休無止地「扒沙」。「四眼」斷言：「小子，我告訴你吧，大明王朝不是李自成推翻的，而是被毛烏素沙漠壓塌的！」

這是我聽到的關於毛烏素沙漠最駭人聽聞的傳說。

我走進了毛烏素沙漠腹地的一個公路養護道班裡。我所在的道班是一個四合小院，佇立在這條沙漠公路的北側。那時，這條穿沙公路車流量不是很大，路兩邊除了濕窪窪的草地，就是高聳的沙丘。小院後面還有一塊十餘畝大的副

食地。

這一切（公路、道班、副食地）都是道班工人十幾年來移走一座座沙丘建設起來的。那塊被道班工人視為眼珠子和命根子的副食地，為他們提供著白菜、山藥蛋、糜米。可沒過幾年，沙子壓過來了，而且越積越高，成了沙梁。後面是綿綿不斷的無數沙梁組成的後續部隊。不時有沙子穿過沙柳芭子紮起的幾道屏障，悄悄鑽了進來，像怪獸一樣不時吞吃著我們的菜地。道班工人每天天不明就會起來清沙。

道班工人除了早上給副食地清沙，每天更多的時間是清理公路上的積沙。這條黏土公路是烏審旗連接盟府的唯一通道，這條路斷了，烏審旗就會成為一片孤島。

公路兩側種植著一些行道樹，這是養路工人經過十幾年辛苦管護才在毛烏素沙漠中養活的，方圓幾十公里沙漠上也就有這麼幾行樹。行道樹大多是柳樹，樹幹常常刷些生石灰和牲口血，以防止牲口啃咬。

毛烏素沙漠中有許多下濕地，寸草灘。我們道班與烏審旗的圖克公社交界處有一汪水淖，水淖的背後是無窮盡的沙漠。水淖的南面是一片泛著白鹼的寸草灘。道班班長老楊告訴我，他們十幾年前修這條公路時，這片草灘上的草長得老高，都能沒住牛羊。「現在呢？」他苦笑了起來，「都能看見老鼠的脊背。」

地勢較高處的梁地上，散落著烏審旗的幾個牧戶。他們住的全是泥巴茅屋，家家門前都豎著蘇魯錠和磚砌的祭台，這是鄂爾多斯蒙古人家特有的標誌。沙灣子裡的下濕地散住著一些農戶，大多是切草坏堆起的小屋，連泥巴都不糊。他們都是陝北過來的漢人，尋找些下濕地開小片荒，種上幾年等土地沙化了，再去找塊荒地開墾。

星期天或雨休時，我總愛到這些農牧戶家裡轉一轉，或用衣物換隻雞，或用錢買些雞蛋，更多的是喝碗茶聊聊天。這裡的農牧戶家幾乎是一樣窮，除了一張大炕，家中幾乎沒有任何陳設。

一個星期天，我來到了一家沒來過的農戶門前，看見門虛掩著，門旁的乾柳條垛上鋪著幾件還在滴水的衣服。我喊著「有人嗎」推門走了進去。屋內響起一聲尖叫，把我嚇了一跳，我依稀看到這家的女主人靠在水缸前，抓住一塊菜板擋在胸前，屋內雖昏暗，我還是看到她赤裸的大腿。我嚇得慌忙退出了屋，連連說著：「對不起，我，我是想買一些雞蛋……」

我感到無比尷尬，急忙掉頭往路上去，走了一程，聽見女主人在背後喊我。她穿著滴水的衣服追上了我，手裡還捧著幾顆雞蛋。看來，她是格外急切地想做成這筆買賣。她給了我六個雞蛋，當時的民間交易價五分錢一個。我給了她一元錢，她為難地說：「我沒錢找你……」我捧起雞蛋就走了，沒有勇氣再看她身上那濕衣服。她在後面喊：「你後生是道班新來的吧？我認識你們那兒的楊老漢……等有了零錢我給你送去。」

我沒有想到這裡的農戶會窮得一個女人家連倒替的衣服都沒有。我還見過這隊的隊長，三十幾歲的漢子，穿著一條化肥袋子改的褲子，屁股蛋子上還印著「尿素」兩字。

隊長找老楊想朝道班借十元錢，給隊裡買糧。「有些戶實在是揭不開鍋了，」隊長著急地說，「我這次說話算話，收了秋給道班還上。」老楊叫來了道班上的會計玉彪，答應借給隊長六元錢。隊長千恩萬謝地走了。

我原以為像我這樣的知青，是天下少有的窮光蛋可憐蟲，可在毛烏素大沙窩裡，我才知道，在這方圓百十里我竟是個數得上的富主兒。在道班，我和老楊是國家正式職工，每月能掙個五十幾元，其餘的人都是農村代表工。

當時國家養護省級以下公路，要求每個村子都派人來參加公路養護。農村青年爭搶著來。當代表工每天有三角錢的補助。他們的家裡都靠著這點錢過日子。代表工們的夢想就是能轉正。老楊十幾年前就是個代表工，前些年剛轉正，是他們的楷模。老楊當時有五十出頭了，道班上的人都尊稱他為楊拜老。蒙古人稱結拜兄弟為拜什，稱人拜老就是對父輩兄弟的尊稱。

楊拜老挺關照我，讓我當道班半脫產的文書，順便再照看一下路上的行道樹。「你呢，想上路就提鍬上路轉轉，活動活動腰肢。」他叮囑我，「不想上路呢就在屋裡看書寫畫，現在世道不一樣了，你後生以後得多看書多寫畫，你是大學生，別把老師教的學問落下。」楊拜老說一句，我點頭應一句，就像聽慈父訓話。

三、我的毛烏素沙漠往事二

有一天，一輛拉滿乾草去烏審召的汽車，彎進了道班裡來。司機說水箱開鍋了。我幫著司機往水箱裡加水，司機答應帶我去烏審召看一看。他告訴我：「車樓子裡人滿了，你得到車上面貓著了。」

我早已經看見駕駛室裡坐著一個抱孩子的小媳婦。司機又讓我帶一把鐵鍬。那時，司機出門都得備好槓子、鐵鍬，車輪子陷在沙子裡好往車輪下面塞槓子，鐵鍬是用來扒沙子的。

我爬上了高高的草垛，臥在一個草垛窩裡躺下。朦朦朧朧中我覺得車停下了，車陷在沙窩裡了。司機停了車，抽出鐵鍬來扒車輪下的沙子。我忙爬出草

沙漠中的旅人

窩，毛烏素沙漠起大風了，硬硬的沙粒打得我眼睛都睜不開。我手腳並用爬下了汽車。

司機已經掏清了一個車前輪子周邊的沙子。我從司機手裡接過鍬，鑽進車下側著身掏另一個車輪，總算把陷住車輪子的沙子掏一邊去了。司機發動車，一加油門，車轟地從沙窩裡躥了出來。司機探頭對我說：「車頂上風太大，你也擠進這駕駛樓裡來吧！」

我擠進了駕駛樓裡，小媳婦把孩子抱進懷裡，給我讓了地方。車頂風走著，狂風裏挾著砂粒叭叭地打在車身上，響個不停。孩子嚇得直哭，小媳婦哄孩子道：「不怕，有叔叔們哩。」

車過圖克灘時，風更大更烈了，似乎能把車掀翻。天色也由暗紅變得發

沙塵暴

烏,我透過車窗玻璃,隱約看見正西邊聚集著一團又一團黑乎乎的東西。我正要認真觀察時,忽聽駕駛樓子頂哐地一聲悶響,一個黑物兒劃出一個弧形,摔在了車前面。司機一個急剎車,嚇白了臉道:「糟了,我,我把人撞飛了!」小媳婦也嚇得尖叫一聲。

我看看頭上車頂子,已經塌陷了一塊,不禁驚奇,人咋從天上掉下來了?我撐開車門下了車,搗著臉頂風彎腰跑到車頭前一看,才看出是一隻連腸肚子都摔出的沙狐。我急忙上了車,說:「沒事,是一隻沙狐,不是人。」司機這才抬起頭來,咧著嘴,我真的看不出他是哭還是笑。

小媳婦忽然失聲哭叫了起來:「你看,看,鬼打牆了!鬼打牆了!」我抬頭一看,西面原來那團團黑乎乎的東西聚成一道黑牆,像千軍萬馬,從西面草地上向我們壓了過來。司機驚叫了起來:「起黑暴了!快下車,爬進公路邊溝裡!」

司機把孩子抱進懷裡，我把小媳婦拖下了車，我們幾乎是滾進了路邊的排水溝裡。黑暴過來了，一剎那天地全黑了，圖克灘上一時山呼海嘯，地覆天翻。

不知過了多久，外面動靜漸漸小了下來，我們動了動身子，竟然都快被沙子埋住了。我們都躲過了這場駭人的黑暴。司機再看他的車，傻眼了，原來他的車已經滾下了路邊十幾米遠，滿車的草包被拋了一草灘。我們跑到車前看，只見汽車的前臉的漆全被砂粒打掉了，露出白生生的鐵片。

小媳婦抱著孩子與我們道別，說她家有親戚，就住在前面灘裡。司機說他得到圖克公社，打電話給隊長報信。圖克灘離我們道班至少有五十里路。我和司機擁抱告別，然後順著公路徒步往回返。因為公路被沙子埋住了，我差點迷了路，回到道班時，已經夜裡十二點了。

楊拜老還給我留著飯，他焦急地說：「我讓玉彪他們幾個去路上接了你幾次，黑暴怕人不？」我一面吃飯，一面點頭。楊拜老告訴我，：「咱道班的羊讓黑暴捲走了兩隻，一隻被沙埋死了，光從死羊身上就抖落下二十幾斤沙來。這羊才多重，連骨頭算上才不足二十斤。它還有壓不死的？」

我說了我的歷險記，楊拜老說：「明早喝雜碎，晚上燉羊肉，咱吃好了，得好好清幾天沙。」

過了幾天，我才從廣播中聽到了毛烏素沙漠發生了幾十年未遇的沙塵暴。這場沙塵暴，大小牲畜損失了上千隻，人也有死亡和失蹤的。我慶幸自己躲過了沙老虎的利爪。

那幾天收工回來，人們都在議論著路邊那些農牧戶，有的被沙子堵住了門，有的被沙子壓上了後山牆。熱心的楊拜老領著工人們一面鏟公路上的積沙，有時還得解路邊鄉親們的沙害危難。

灰沙梁

　　這天晚飯後，楊拜老要我跟他去路北的老米家轉轉。他告訴我：「咱道班的玉彪看上了米家的女子。米家女子高中畢業兩年了，玉彪央求咱倆去給米家說說。」玉彪是道班少有的高中生，兼著會計，平時開小四輪，是老楊的左膀右臂，小夥子人長得也周正。

　　楊拜老告訴我，米家擔心玉彪轉不了正，讓我去說說代表工的光明前程。楊拜老說：「現在鄧小平要開放了，你去給他們講講大政策，生產隊都鬧包產了，代表工能不改革？」

　　我跟楊拜老到了米家，米家女子為我們倒茶時，我看了她一眼，覺得玉彪眼光挺不錯。楊拜老誇玉彪能幹，有前程。我也是旁徵博引，從十一屆三中全會說到鄧小平深圳南行，由盧新華的《傷痕》說到包產到戶，最後對米家老漢說：「我看代表工體制也得改革，玉彪轉正是早晚的事情。」米家老漢有些死

心眼，瞪著大眼問我：「究竟哪年能轉？」楊拜老打圓場說：「明天我去旗裡開會，再打聽打聽代表工轉正的事情。」米家老漢說：「那就等你打聽准了，咱們再定？」

後來米家姑娘出嫁了，嫁給了路南邊老白家的後生。這後生和他爹一樣，也有一手繪畫的手藝。農忙時開荒種地，農閒時，爺兒倆串村走戶，專給農戶、牧家畫炕圍子，在鋪炕的油布上畫些山水花草什麼的。米家姑娘出嫁，玉彪糾結了幾天。

又起了幾場昏天霧地的沙塵，沙子爬上了白家的房頂，壓裂了後牆山。這天，我們遠遠看到白家的人扒了房子門窗，正往一輛毛驢車上裝。白家後生趕著毛驢車上了公路，後面跟著米家女子和她的公公、婆婆。車上裝著門窗衣物，還有一隻半大豬。車上樑時，陷在沙子裡，驢掙扎不出。楊拜老領著我們用鍬清沙，推車，一陣忙碌，才把白家驢車從沙窩子裡推了出來。

楊拜老對白老畫匠說：「我說老白，你這門窗可沒安裝幾天，這是又動哪兒刮野鬼呀？」白老畫匠說：「這次得找個沒沙子撐偏的地方住下。」楊拜老說：「我看你得找月球住下。」要在毛烏素沙漠找個沒有沙子追趕的地方，真跟登天一樣難。在苦笑中，白畫匠一家遠去了，真不知他們在什麼地方能安下家。

在公路上，我常看到毛驢車駄著舊門窗和衣物遷徙的人們，楊拜老稱這些人為刮野鬼。這些人們瞅準個離沙子遠的地方，切些草皮壘起了屋子，安上舊門窗便住下，或放牧，或開荒，與沙漠巧妙地周旋著生活。待沙子像個惡虎一樣立起撲過來時，便又急急扒下門窗，繼續尋找能開荒放牧的地方。

當年冬天，我離開了毛烏素沙漠深處的這個道班。這段生活，後來我寫成了中篇小說《灰騰梁》，算是對在毛烏素沙漠七個月養路生活的紀念。

薩拉烏蘇沙漠大峽谷

　　上世紀八〇年代末，我受《中國交通報》的委託，去烏審旗採寫養路工人在毛烏素沙漠中綠化護路的報告文學，途中專程去了那個道班。玉彪還在，還是代表工，只是由每天三角錢補貼改為幹多少活掙多少錢，每個月都不低於七、八十元。他在老家蓋了房，結婚生了子，正考慮著是不是回家鄉跑運輸。楊拜老已經過世了，他的兒子現在這個道班上當養路工。他的兒子帶著我專程到楊拜老的墳地上看了看。這個在道班幾乎種了一輩子樹的老人墳前及周邊竟然沒有一棵樹，顯得有些空曠。我問他的兒子：「咋不種些樹陪伴老人？」他兒子告訴我：「種過，全讓山羊啃死了。」

　　那時，毛烏素沙地基本是有草的地方沒有樹，有樹的地方沒有草。據說這全是山羊惹的禍，山羊愛啃短草，蹄子靈巧得就像刨草機，連草根子都能挖出來啃了。那時，毛烏素沙原上有這樣的傳唱：

媒婆不死是閨女的害，山羊不死是草場的害。

蒙古族還有這樣的諺話：

山羊腳下的沙丘消停不了，衙門管下的牧民好受不了。

山羊成了真正的替罪羊。

我在道班工作的那年，附近的生產隊正在劃分草場到戶，當時處理山羊成風，一兩元錢就能從農牧戶手中買只山羊羔子。有一天我收工回道班，炊事員告訴我，有位大嫂給我送來了一隻小羊羔。我想起了向我賣雞蛋的那位大嫂，這應是歸還欠我的零錢。羊羔這東西是個活物兒得吃得喝，楊拜老讓我先把它交給道班的羊群混養著，等長大了再說。兩年以後，我在東勝城籌劃成家時，楊拜老專門派道班上的人給我送來了一隻宰殺好的肥羊，這是我的婚禮上收到的最貴重的禮物。

那次的烏審旗毛烏素沙漠之行，給我的印象是沙漠越來越高，沙地越來越大了，一些稀鬆的林木、草地全都被重重沙子包圍著。我曾看到沙漠腳下有一株樹，已被沙子埋得只剩下綠色的樹梢，就像一個溺水的人在苦苦掙扎。我雖圓滿完成了採訪報導任務，但黃沙重壓、草地消遁的毛烏素沙漠的嚴峻現實，始終像一塊陰影盤繞在我的心頭。

四、內羅畢行動計劃和烏審召

上個世紀七〇至八〇年代，在內蒙古鄂爾多斯庫布其和毛烏素沙漠，人與沙漠互相拉鋸的時候，在遙遠的非洲撒哈拉沙漠地區也發生了連續持久四年的特大乾旱。乾旱導致荒漠化擴大，撒哈拉周邊地區的二十一個國家受到荒漠化的威脅，三千五百多萬人的生產生活受到了嚴重影響。這場乾旱總共奪去了二十萬人和數百萬頭牲口的生命。一千多萬人被迫背井離鄉成為「生態難民」。這是二戰以後，人類承受的重大災難之一。

旱災難民枯瘦的手

關於這場撒哈拉沙漠的大旱，若干年後，我見過這樣一張照片，不記得是西方哪位攝影家拍的。畫面很簡單，一隻健康的白手托著一隻枯瘦的黑手，反差之大，讓人看後心酸不已。

世界上越來越嚴重的荒漠化現象漸漸引起了國際社會的關注，人們逐漸認識到，荒漠化現像已經超越了國界、洲際，超越了意識形態，成為人類共同的敵人。為此，聯合國在一九七五年以 3337 號決議形式提出「向荒漠化進行鬥爭」的口號。一九七七年八月在肯尼亞首都內羅畢，全球一百多個國家的代表召開了防止荒漠化問題會議，產生了一項全球共同行動協調一致的方案並制定了防治荒漠化的行動計劃。

就是在這次會議上，中華人民共和國的代表向會議代表介紹了中國的防止

荒漠化的實踐，著重介紹了內蒙古烏審旗烏審召人民用植被治沙治理毛烏素沙漠的經驗，引起了世界各國極大的興趣。人們紛紛提出要走進古老中國，領略這個綠色童話的風采。乾涸的荒漠化世界太需要綠色的滋潤了。

全球荒漠化面積占陸地面積的四分之一

一九七八年夏季，聯合國組織了近二十個國家的數十名代表萬里迢迢來到了毛烏素沙漠的腹地烏審召。這是內羅畢行動計劃的一部分。汽車在茫茫荒漠中不知走了多久，這些代表們才見到傳說中的烏審召。代表們站在光禿禿的沙山上，鳥瞰綠茵茵的烏審召，感嘆：毛烏素沙漠太大了，而這顆綠色明珠太小了。但他們都知道，這片亙古荒漠中透出的勃勃生機和不屈綠色，代表著世界防治荒漠化的可能，兆示著人類生存的希望。

三十三年後，烏審召治沙的帶頭人、年過七旬的寶日勒岱還清楚地記得當年她接待這些聯合國代表的情形。「不管白的、黑的、黃的，全都焙成了土人人。那天，風沙太大了。」寶日勒岱對我說：「烏審召一下子來了這麼多外國人，從來沒有過的。他們是專程來看我們咋治沙的……」

那天，寶日勒岱給聯合國的代表們詳細講述烏審召人民創造的植被治沙的經驗。當代表們知道就是眼前這位年輕的蒙古族女人，帶領烏審召人民在毛烏素沙漠創造這人類生存的偉大奇蹟時，都不禁感動。世界記住了烏審召、記住了寶日勒岱。從此毛烏素沙漠的植被治沙，匯入了世界治理荒漠化的浩浩洪流之中。

內羅畢會議之後，世界上各種抗旱防荒漠化的行動計劃也隨之產生，每年都有數十億美元投入治沙行動。但是，十多年下來，全球荒漠化問題不但沒有緩和，反而更加嚴重了。

上個世紀九〇年代初，有資料統計，全球荒漠化面積已達到三千六百萬平方公里，占到整個地球陸地面積的四分之一，相當於俄羅斯、加拿大、中國和美國國土面積的總和。全世界受荒漠化影響的國家有一百多個，約九億人。荒漠化在全球範圍內呈擴大的加劇的趨勢。儘管各國人民都在進行著同荒漠化的抗爭，但荒漠化卻以每年將近七萬平方公里的速度擴大。這正應了西方一位哲人說過的話：人類踏著大步前進，在這走過的地方留下一片荒漠。

亞洲頻發的沙塵暴，西部非洲的大旱敲響了人類存亡的警鐘，更像是吹響了人類防止荒漠化的集結號。經過多輪談判，一九九四年終於在法國巴黎集結了世界上一一二個國家的代表，共同簽訂了全球防止荒漠化公約。同年十二月，聯合國大會通過決議，確定每年的六月十七日為「世界防治荒漠化和乾旱日」。這個世界日意味著人類共同行動同荒漠化抗爭從此揭開了新的篇章。

中國是世界上荒漠化面積大、分佈廣、受荒漠化危害最嚴重的國家之一。全國荒漠化土地總面積達二百六十三萬平方公里，占國土面積近三分之一。沙化土地一百七十三點九七萬平方公里，占國土面積的五分之一。因土地沙化每年造成的直接經濟損失高達五百多億元，全國有近四億人受到荒漠化沙化的威脅，貧困人口的一半生活在這些地區。 中國西北、華北北部、東北西部地區（簡稱「三北」）每年約有二億畝農田遭受風沙災害，糧食產量低而不穩定；有十五億畝草場嚴重退化；有數以千計的水利工程設施因受風沙侵襲排灌效能減弱。儘管中國從來沒有停止過對荒漠化的治理，由於種種原因，中國土地荒漠化擴大的趨勢還在繼續。二十世紀八〇年代以來，荒漠化土地面積平均每年擴大二千一百平方公里，每天就有五點六平方公里的土地荒漠化。

上世紀九〇年代以後，我在北京學習、寫作，只要有沙塵天氣，我就會想到我生活過的毛烏素沙漠。我想起了在沙漠公路上，趕著毛驢車，馱著可憐的家當，在茫茫大漠中尋找棲身之處的白晝匠們，難道他們就是西方人講的「生態難民」？

一九九〇年代中期，沙塵天氣頻繁，有時一連幾日北京城都罩在沙塵當中。生活在大都市的人們，忽地感到內蒙古的大沙漠離他們並不遙遠。有報導說，人類與沙漠的生態戰爭將越演越巨，而且是曠日持久的戰爭，許多學者和預言家都不看好人類會是最終的勝利者。

沙漠與人類，必將會是一個世界性的永久話題。

五、沙漠上真的羊吃羊了嗎？

當人們大張旗鼓地開展「三北」防護林建設時，我的家鄉也在開展建設綠色鄂爾多斯。我為生活在荒漠化中的父老鄉親慶幸，但又有些擔心，怕是見不到什麼成效。種樹不見樹，種草不見草，人們已經司空見慣了。幾十年來我們都在造林，可為什麼沒有見到成片的森林呢？在沙漠面前，人類往往很無奈。

上個世紀九〇年代中期的一個冬天，我和作家瑪拉沁夫先生應邀在海南觀光。一天，在海邊漫步時，他忽然對我說：以後我再也不寫歌誦沙漠的文章了。我懂得他的感受和選擇，因為我們都是草原人，草原變荒漠我們都有著切膚之痛。

假若沙漠沒有了文學的滋潤，我不敢想像我的沙漠生活會是什麼樣。我感

謝那些給大漠血肉靈性的文人們，你們是不朽的大漠之神！

我作為一個作家，也許只能像瑪拉沁夫先生一樣，不再歌頌沙漠，不再稱頌它的瑰麗，不再驚嘆它的神奇。因為沙漠帶給人類的災難可謂罄竹難書。可沙漠曾是我人生的一部分，我怎能與它割裂開呢？

當鄂爾多斯的沙漠中稍有一點綠色，我就會異常地興奮和衝動。我把在茫茫荒原和大漠上辛苦採摘的點滴綠珠寫成散文、報告文學、特寫。我樂此不疲。

有天，一位邀我合作電視劇創作的朋友，因我屢屢爽約，在北京打電話對我發牢騷道：「就你能把沙漠寫綠了？你們那兒已經羊吃羊了。」我問：「怎麼回事？」他說：「你上網看看就知道了。你快別寫那些沒用的了，咱哥們還是一塊寫電視劇掙錢吧。」

我在網上果然看到這樣一副照片，乾旱發黑的草地上，有一群披著各色塑料布的羊在徜徉，模樣十分怪異和荒誕。據上傳者介紹，今年內蒙古草原天大旱，羊無草可吃，只得互相啃食羊毛，為防羊吃羊慘劇，草原牧民只得給羊兒披上塑料布。也有人發帖解釋，說這是牧民為了防止沙塵落入羊毛，提高羊毛收購等級才給羊披上塑料布的。不管是防互相啃咬，還是防止沙塵落身，總是與草原荒漠化有關。這也許是個惡作劇，是個荒誕的玩笑。但越是荒誕的東西可能越能接近事情的本質。一剎那，我不禁懷疑自己書寫沙漠的意義。

本世紀初的一天，忽然接到張秉毅的電話，說他的長篇報告文學《與天地共生》引起了非議。秉毅是位優秀的小說家，關心生態領域，他的報告文學中提到「『四大支柱』的陰影」，隱約表示了對鄂爾多斯工業化進程引發的生態影響的擔憂。

四大支柱，即羊絨、煤炭、陶土、天然氣，它們對鄂爾多斯的現代化發展

起到了奠基作用。

　　我勸秉毅，你提出的問題不就是想讓社會引起重視和各級領導的注意嗎？社會尊重和理解還有一個過程。秉毅告訴我，是一個什麼大企業的老闆在電話中警告他：以後，少瞎寫亂寫。原來秉毅是受到了威脅，想找我這位當長兄的傾訴傾訴。實際上，我和秉毅一樣，對工業化的擔憂和懼怕，不亞於對世界荒漠化的懼怕和擔憂。上個世紀鄂爾多斯的初始工業，在人們的心中留下了太多的陰影，給我們的鄂爾多斯帶來太多的災難。秉毅講的四大支柱的陰影，籠罩著鄂爾多斯高原。

　　進入新世紀那年春天，鄂爾多斯的荒漠化面積已經達到百分之四十八。還有號稱「地球之癌」的砒砂岩地區也已經達到百分之四十八。十餘萬生活在沙區的烏審人民不得不面對這樣一個嚴酷的現實：千年不變的游牧、游種等原始的生產、生活方式若再繼續下去，那就真是在自刨墓坑。

　　生存還是死亡，這個莎士比亞式的提問，像警鐘一樣不時在十萬烏審兒女心中敲響。

　　時代在前進，人們該換一下思維對待沙漠了。實際上，當這場人沙大戰難分勝負時，有一位老人用他那雙睿智的眼睛在關注著毛烏素沙漠和世界荒漠化現象，這顆罕見的智慧大腦正在考慮一門新的學科，即沙漠的產業化治理。

　　這位老人叫錢學森。

六、錢學森與寶日勒岱

錢學森

寶日勒岱和錢學森的交往，起源於上世紀六〇年代末。他們一個是毛烏素沙漠的牧羊女，一個是中國「兩彈一星」之父，但他們都有一個共同的身分，那就是中共中央委員。

六〇年代末到八〇年代初的十餘年間，在黨中央召開全會的日子裡，在京西賓館、在人民大會堂、在廬山，寶日勒岱和錢學森一次次相遇，一次次交談。錢學森長寶日勒岱二十餘歲，寶日勒岱尊稱他為「錢老」，而錢學森和藹地稱寶日勒岱為「寶日」。

我曾問過寶日勒岱：「你和錢老談些什麼呢？」寶日勒岱告訴我，她和錢學森之間有個談不完的話題，那就是沙漠治理。錢學森饒有興趣地聽寶日勒岱講她的治沙經，當寶日勒岱講到她和烏審召的牧民們把沙漠當成人一樣打扮，先穿上靴子再套上褲子、上衣，然後再戴上帽子時，錢學森哈哈地大笑了：「寶日啊，你們把沙漠當成人一樣打扮，有意思……」

錢學森曾經這樣問寶日勒岱：「沙漠會不會變成我們的朋友呢？」寶日勒岱不知如何回答。

錢學森歸國之前，對沙漠的瞭解也只是通過書本和人們的口口相傳。上世紀六〇年代他受命開始創建中國的兩彈一星時，就經常奔波於新疆和內蒙古的茫茫大漠之中，尋找和建設試驗基地和發射場。錢學森和戰士們、將軍們、科技人員們共同領略了沙漠的暴戾和嚴酷，他的許多戰友就長眠於這亙古大漠之中。同時，在錢學森的眼中，沙漠是一個生機勃勃、豐富多彩的世界。錢學森的沙漠實踐告訴他：沙漠不是死亡之海。

　　但如何治理沙漠呢？錢學森苦苦思索著。

　　在世界的另一端，西方科學家也在撒哈拉大沙漠的治理上遭遇到了滑鐵盧。在內羅畢行動計劃之中，西方科學家們普遍認為，乾旱荒漠地區陽光充沛，只要有充足的淡水供應，荒漠地區大規模農業開發是可能的。但出人意料的是，西方發達國家援助的水井和水源地卻引發周圍大量牲畜集結踐踏，反而加速了土壤沙化，甚至導致流動沙丘出現。更為嚴重的是，以水井為中心的同心圈式帶狀土地退化為「膿腫圈」，其半徑在五到十公里的範圍，膿腫圈互相連接又形成新的荒漠化。被公認的對抗荒漠化良策卻導致環境災難，這是內羅畢行動計劃的決策者和科學家所想像不到的。

　　錢學森欣賞寶日勒岱在毛烏素沙漠植被治沙的經驗。但他認為，讓沙漠變綠，讓沙區人民在綠中取富，綠富同興應是治理沙漠的終極目標。

　　在錢學森眼中，沙漠可利用空間、發展空間非常之大，遠遠超過了人們對沙漠的認知和想像。而西方科學家在撒哈拉沙漠敗走麥城，更引發了錢學森對沙漠治理的深層次思考：科學、理性，摸透和順應沙漠的脾氣和秉性，把其當成朋友一樣看待。

　　上世紀八〇年代初，寶日勒岱與錢學森談天時，第一次聽到了沙產業這個名詞。錢學森還建議寶日勒岱要認清烏審旗沙漠資源優勢，下氣力搞節水型

「沙產業」，使沙漠真正成為人類的好朋友。沙產業、沙漠資源，這些新鮮的名詞，寶日勒岱聽都沒有聽過。她甚至有些懷疑，錢老說的沙產業、沙漠資源是那讓她恨不夠、愛不夠的毛烏素沙漠嗎？寶日勒岱有些茫然了。

內羅畢行動計劃在非洲撒哈拉大沙漠的受挫，讓西方的許多專家、學者得出了「沙漠是地球癌症」、不可救治的悲觀論斷。錢學森卻提出：「我們能不能換一種思維看沙漠呢？人類將來與其搬到月球上，還不如把地球上的沙漠利用好，改造好。」

上世紀八〇年代中期，不可遏制的世界荒漠化敲響了人類生死存亡的警鐘，錢學森就是在這個時期，首創了知識密集形沙、草產業理論。一九八四年五月，錢學森在中國農業科學院作學術報告時正式提出了醞釀已久的沙產業理論。他的基本構想是：沙產業是用系統思想、整體觀念、科技成果、產業鏈條、市場運作、文化對接來經營管理沙漠資源，實現「沙漠增綠、農牧民增收、企業增效」良性循環的新型產業。他預言：到二十一世紀，由於生物工程和生物技術的發展，將會引發人類歷史上第六次產業革命——農業型知識密集型產業革命，沙產業作為農業型知識密集型產業類型之一亦在其列。

這位科學巨匠對沙漠的未來充滿了詩意的想像，他預言：「用一百年時間來完成這個革命，現在只是開始，百年之內，在沙漠上挖出千億產值。」

現在，我們已經無法知道錢學森這個千億產值是怎樣計算出來的。但我們知道，這位老人是想告訴人們：沙漠是資源、是財富。一個全新的治沙想法，正在這位科學巨匠的腦海中盤旋升騰。

當時內蒙古自治區的草原產值是多少呢？當時主政內蒙古工作的周惠先生在一九八四年十期《紅旗》雜誌發表文章，文中公佈了這樣一組數字：「在內蒙古自治區，共有十三億畝草原，一九四七年到一九八三年這三十六年裡，畜

牧業累計產值一百多億元，折合每畝草原年產值才兩角多。」

周惠先生說的是草原，每畝沙漠年產值究竟是多少呢？會不會是負數？要從沙漠中挖出千億資產來，我對錢學森老人的百年沙漠暢想，充滿了深深的敬意。

錢學森關注著中國沙漠地區的治沙實踐，又不斷將自己的沙產業理論逐漸豐富，並概括為「多採光、少用水、新技術、高效益，使不毛之地變為沃土」。

可惜，寶日勒岱未能將錢老的全新的沙產業理論付諸實踐。因為工作崗位的調整，她離開了毛烏素沙漠。隨著歲月的流逝，當年的鐵姑娘也漸漸變成了一位老人。寶日勒岱幾乎是用自己畢生的精力在研究毛烏素沙漠。她推崇錢學森的沙產業理論，蒐集了大量的沙漠資料。在她五十歲的時候，竟然完成了大專學業。她說，她要弄懂錢老的沙產業。

聽說我要寫一部關於毛烏素沙漠的書，她高興地對我說要什麼樣的資料她就有什麼樣的資料，完全給我提供。但她建議我，一定要到毛烏素沙漠去看看，看看現在的綠化加現代化的烏審召。老人告訴我：「現在的產業化治沙，是福氣，烏審召的福氣！」

談起毛烏素沙漠，談起當年烏審召的治沙，建設草庫倫，老人更是滔滔不絕，講到激動處說起了蒙語。我知道寶日勒岱的內心世界永遠走不出讓她魂牽夢繞的毛烏素沙漠。

在與寶日勒岱的交談中，我才知道原來鄂爾多斯市烏審旗是最早實踐錢老的沙產業理論的，也有專家把烏審旗的生態建設比作錢老沙、草產業理論的試驗田。有媒體稱烏審旗委、人民政府從二〇〇四年開始的「以人為本，建設綠色烏審」揭開了沙、草產業革命的帷幕。

寶日勒岱與她五十年前種的「砍頭柳」

　　老人告訴我，她雖然年紀大了，腿腳也不靈便了，但她每年都要去烏審旗、烏審召看一看，看看她當年栽種在毛烏素沙漠中的樹，就像親近她的子孫一樣。我告訴她，我多次去烏審召，多次撫摸你們半個世紀前栽種的那些大柳樹，我還在一棵大柳樹下乘過涼呢！

　　這天，老人談興甚濃，並熱情地約我去呼市一個不錯的餐館吃飯。那天，寶日勒岱提著裝酒的尼龍口袋，在熙熙攘攘的人流中蹣跚著，顯得極為普通。

　　那天，我們喝了點酒，談起烏審召的滄桑變化，老人非常動情。她悄悄地告訴我，她死後就想變成沙漠上的一棵樹。她一個勁說：「種樹好啊，好啊！一棵成材的柳樹，可以保證一隻羊一年用的草料。」在鄂爾多斯烏審草原二十畝為一個綿羊單位。也就是說，二十畝草場才能養活一隻綿羊。以此來計算，

一棵大樹就抵二十畝草場。

我眼前的這位老人，就是毛烏素沙漠上永遠的常青樹。

毛烏素沙漠，
一片遠去的雲

02章

一、毛烏素沙漠真的要在鄂爾多斯境內消失？

　　二〇〇八年春季的一天，鄂爾多斯市林業局召開綠色信息通報會。市林業局局長丁崇明先生做了主題發言，他講鄂爾多斯境內的毛烏素沙漠森林覆蓋率已達百分之三十，植被覆蓋率已達百分之七十五，綠化面積已超過全國平均水平。照這個速度下去，到二〇一〇年，毛烏素沙漠將在鄂爾多斯高原悄然消失。

　　我不敢相信自己的耳朵。參會的人們也都吃驚地喊喳議論著。

　　一下子，有關毛烏素沙漠的記憶，湧入我的腦海，沙海綿延，無窮無盡，這就消失了？我在鄂爾多斯的大沙漠裡生活過十多年，我太知道沙漠是個什麼玩意兒了。別說染綠毛烏素沙漠，你就是在毛烏素大沙漠裡種活一棵樹，栽活

一株草，那都是千辛萬苦的事情。我知道，經過幾十年的生態治理，尤其是進入新世紀的六、七年內，人們逐漸認識、接受、實踐沙產業理論等前瞻性的科學治沙思想，才使鄂爾多斯的生態產生了質的變化，實現了荒漠化的整體遏制，局部好轉。那個滿目瘡痍黃沙滾滾的鄂爾多斯漸行漸遠了，公路兩側荒涼的山頭漸漸有了樹林，公路穿過的沙漠也披上了綠裝。可我覺得毛烏素沙漠就這樣悄然消失了，又似乎不是我熟知的毛烏素沙漠的性格。

這時，我的好朋友全秉榮站了起來。老全是鄂爾多斯的資深媒體人，著名散文家。老全激動地說：「剛才丁局長宣佈的這條消息，應是本世紀最大的新聞，而且是爆炸性的新聞！同志們，尤其是年輕的記者同志們，我們應該知道，這是一件讓世界發生震撼的事情。世界步入工業化以來，從來都是以犧牲

沙漠中的新綠洲

環境為慘痛代價的，什麼時候有過經濟發展了，環境改善了？可鄂爾多斯呢？我們加快工業化進展以來，用了不到十年的時間，毛烏素沙漠就要消失了，這是何等的人間奇蹟？！難道不值得我們大書特書，傾力宣傳？」

「這才是鄂爾多斯最大的亮點！什麼人均 GDP 超香港，這個世界第一，那個全國折桂，比起就要消失的毛烏素沙漠來，那隻是小事情。」

老全善於發現亮點，他發現大亮點後有時會興奮地告訴我，鼓動我去創作。現在，老全又鼓動我：「大事件，全方位，看你的手筆了！」

我真的不敢相信毛烏素沙漠就這樣消失了。老全說得沒錯，這件事情太大了，大得不敢讓人用筆鋒去觸摸。但漸漸退去的毛烏素沙漠，又給我強烈的刺激，讓我躍躍欲試。

我站起說：「假若我能親眼目睹毛烏素沙漠在鄂爾多斯境內消失，我會覺得是自己人生的一大幸事，因為我的青春和汗水曾經灑在那片沙漠上。年輕

烏審旗府嘎魯圖鎮一角

時，我也參加過愚公移山式的苦鬥，在與沙漠的博弈中，我們曾經是失敗者。現在毛烏素沙漠即將消失了，我需要知道的是，我們究竟掌握了什麼樣的法寶，才降服了為害千年的毛烏素沙漠？以後這幾年，我會與殘存的毛烏素沙漠共舞，用我手中的這支筆，記錄毛烏素沙漠在鄂爾多斯境內消失。」

老全帶頭鼓掌鼓勵我，又提醒我道：「毛烏素沙漠中的最大亮點是綠色烏審，而烏審召又是綠色烏審中的……你最好先到烏審召走一走，看一看。沒有第一手的素材，再妙的筆也生不了花。」

現在，老全索性連烏審旗都不稱了，改叫綠色烏審了，可見烏審旗變化之大。過去，烏審旗這個名字幾乎就是大沙漠和貧窮荒涼的象徵，而烏審旗境內的烏審召又是人們改造沙漠的象徵。對這塊傳說的毛烏素沙漠裡的綠色名珠，幾十年來我心儀已久。多年前雖到過一次，卻未見到它的美麗容顏。

上世紀九○年代初，我曾與兩位著名作家和《人民日報》一位記者結伴去過一次烏審召。那時正是初春時節，內地已是草長鶯飛、雜花怒放了，可鄂爾多斯的風景還不行。清晨從盟府東勝離開時只有一點小風，可進入到毛烏素沙漠的坑窪土路，就明顯感到車外起風沙了。越野汽車就像在「黃海」上顛簸，遠看近看也沒星點草色。快到烏審召時，車還陷進了沙裡。

當時我們乘坐的車是盟內罕見的豐田越野巡洋艦。越野性能甚好又有加力的巡洋艦將我們帶到了烏審召。烏審召蘇木的幾位領導早就在等候我們。蘇木長見面就對我們略帶遺憾說：「你們現在來的不是時候，再過兩個月你們來看，這地方有樹有草有野花美著哩。」

然後他給我們介紹烏審召，當年的牧區大寨，新時期的綠化典範，草有多少畝，樹有多少株，大小牲畜有多少頭只，甚至連適齡母畜有多少都一一介紹。總之這裡是人畜兩豐，樹多草美的好地方。可我望著窗外扯不斷的黃色帷幕，心想，哪些樹和草在什麼地方呢？蟄伏在莽莽黃沙裡嗎？還在等待雨水的

滋潤，春風的喚醒嗎？我也知道，初春時節的草原是沒法看，但我心中還有不小的遺憾：這是我們的綠色明珠啊！我多麼希望它一年四季常青，再也沒有這麼多的風，沒有這麼多的沙！

風沙和早春天氣讓我不識烏審召的真面目，後來我在創作報告文學《綠色壯歌》時，也沒有提及烏審召。多年來，我總想有機會再訪烏審召，為烏審召寫些什麼。

轉眼到了夏天，鄂爾多斯的旱象仍在加劇，還是沒有一點雨水。這天，我和市裡幾位作家受市領導之邀，一起在成陵風景區蒙古包內喝早茶，不由自主地談起了鄂爾多斯的生態建設，重點又是漸行漸遠趨於消失的毛烏素沙漠。老全問我：「你去烏審召了嗎？」我說我還沒有去。老全替我著急，說：「那你還等什麼呢？」

我說我還有些事情，實際上我是被烏審召的忽然變化搞得有些猶豫不決了。通過媒介，我知道烏審召那裡已經成立了化工園區，並有數個投資幾十億的企業進駐。我對化工企業心存恐懼，它們給我的印象基本上都是高度污染環境的，是該毫不客氣關停的。我直言不諱地向老全和那位領導表達了自己的觀點。

領導說：「你講的那是初始工業，那是對環境，對土地的野蠻掠奪和破壞。鄂爾多斯能走到今天，就是因為我們搞了循環工業。鄂爾多斯經濟要發展，生態要恢復，就必須搞工業化。工業化與環境治理，並不是不可調解的矛盾，也不像你想像的那樣你死我活。」

老全問：「你說的循環工業我們可以不可以理解為綠色工業？就像綠色烏審那樣？」

領導說：「綠色應是一個文明的概念，它的本質應是和諧相處。工業與農

現代化的毛烏素沙原

業、與牧業、與草原沙漠，與大自然都理應和諧相處。總之，我是一手要金山銀山，一手要綠水青山。」

我問：「假設只有一種選擇呢？」

領導笑著說：「我剛才說了，這是一種文明的概念。綠色文明是一種複合性的文明，它需要集中我們各個研究領域的最科學、最先進的思想、技術和成果。」

我想起了錢學森的沙產業理論。

老全對我說：「我覺得你還是快點去烏審召看一看。烏審召這個點，既有歷史的意義，也有現代的意義……」領導也鼓勵我說：「你要去看烏審召，我給你安排。」

於是，我去了烏審召。

二、我們行進在非典型化沙漠裡

車在起伏的綠海中行進著，若不是偶有黃色的沙磧出現，讓人不敢相信我們是行進在毛烏素沙漠裡。十五年前那條通往烏審召的舊道還在，不過已經換成了亮亮的黑色油面，路面非常潔淨，被風吹得沒有一點沙塵。路上，還不時有野兔子機警地躥過去，引得我們尖叫、驚喜。一路行來，原來大起大伏的黃色沙漠上，全鋪上了沙蒿、沙地柏和各類沙生植物，就像一塊塊碩大的綠色地毯，從我們的眼前飄浮到很遠很遠的天邊。

我一路嘖嘖驚嘆著，這哪還是沙漠？

我們的車不時停下，不是我攀上高高的沙梁極目遠眺那無邊的綠色，就是與我同行的鄂爾多斯日報攝影記者劉鋼，被哪片美景所吸引，啪啪地摁動快門。

走著走著，天公作美，竟然下起了濛濛細雨，同行的市委副秘書長吳振清打趣地對我說，肖老師給毛烏素沙漠帶來雨了。

我知道鄂爾多斯遇到了奇旱，這次我們能隨著細雨一同來到了烏審召，這是讓人非常愜意的事情。雨沙沙地打在沙蒿林上，落在地柏灘上，使滿目的綠色更透亮，更清新，更濕潤。

望著滿眼茵茵綠色，我甚至產生這樣的念頭，若是能夠看見一座金黃色的沙山，可能使綠色格外分明。吳振清和劉鋼說他們也有這樣的想法。吳振清說：「肖老師，我們可以不可以這樣說，我們現在是行進在非典型化沙漠裡。」

「現在還真有點想沙漠了。」我說，「我們是不是太樂觀了？這麼美的地

方搞甚化工園區呢？」

離烏審召化工園區越來越近，我生怕見到什麼讓人不舒服的地方。來到了烏審召化工園區，透過雨簾望去，園區大路兩側仍是花紅草綠，一排排樟子松挺立著，根本見不到裸露的沙丘。

我幾乎是用挑剔的眼光審視著這個化工園區。最後，我不得不承認，這兒美麗得就像一個大花園。吳振清告訴我，這裡原來是一片寸草不生的大沙漠。這個化工園區控制占地有五十多平方公里，大約占整個烏審召流動沙丘面積的六分之一左右。現在已經有六家上規模的企業進駐了。上規模企業，是指投資幾十億甚至上百億的企業。

我們驅車來到博源化工公司的廠門口，看見許多白色的大貯罐並排立在廠區內，還盤繞著無數的鐵管子。廠區人很少，只有幾個警衛在廠門口把守著。烏審召化工園區管委會的陳主任迎了上來，陪我們進廠參觀，並且提醒我們進了廠區需要關閉手機。我聽了有些頭皮發麻，咋這綠油油的大漠裡出了這麼個易燃易爆的危險地方？

我關了手機，又檢查了一遍，還是不放心，索性把電池取出來，這才跟著陳主任走進了廠區。廠區除了鋼鐵，就是林木花草。道路的兩側全種了綠油油的沙地柏，沾撲著細細的雨水珠，顯得生機勃勃。我忽然感到廠區的綠色環境與冰冷冷的塑鋼廠房、鋼鐵管道、幾十米高的白色貯氣罐，相處得十分自然與和諧，甚至是相得益彰。

一個三十幾歲的年輕人負責接待我們，這年輕人戴著一副眼鏡，顯得文質彬彬，陳主任說他是這個工廠主管技術的副老總。年輕人衝我們笑笑，便帶我們到廠房參觀。他給我們講二甲醚的提煉過程，只是太專業了，我根本聽不懂。他只得用易懂的話告訴我，二甲醚是從天然氣和煤中提煉出來的，是石油

的替代產品，屬於新型的清潔動力能源。

陳主任告訴我，年產百萬噸二甲醚的項目，是打造鄂爾多斯新型能源基地的重要舉措。二甲醚在燃燒時不產生工業廢氣，十分環保，是石油的最佳替代品。可我關心的是在提煉二甲醚的過程中，對周圍環境的影響，比如說工業廢水的處理⋯⋯陳主任笑了，說：「我正要帶你去參觀，看看污水出廠後的樣子。」

經過處理的污水排放地離廠區還有五六公里遠。我和陳主任上了一輛車。

烏審召化工園區一角

他在路上告訴我，烏審旗委、政府四年前，確定了「以人為本，建設綠色烏審」戰略，明確提出「用集中開發利用 1% 的土地換取 99% 的生態恢復和保持」，強調在推進工業化的進程中治理毛烏素沙漠。他們之所以把工業園區選在烏審召的大明沙地段，就是鑒於這樣的發展思路：把草場、良田永遠留給農牧民，把流動的大明沙交給企業治理。

陳主任頗動感情地說：「烏審召人與毛烏素沙漠苦鬥了六十餘年不容易，現在該得到回報了。我們不能幹與民爭利的事情！」

沙漠中的百萬噸甲醇化工廠

　　車在濛濛雨絲中前進著，眼前出現了一個深綠色湖泊，水面很寬，足有五平方公里的面積。湖邊的沙地上長著茂密的青草，青草叢中有幾隻躲雨的小水鴨子，見我們車過來，嘎嘎地鳴叫著游進了湖裡。霧濛濛的湖面上盤旋著灰鶴、撈魚鸛之類的鳥兒，不時有水鳥扎進湖水裡，長嘴裡銜著魚兒衝出水面。

　　這樣的美景讓我非常感慨，怕是在江南，也難找到這般靜謐的美麗。陳主任告訴我，這個沙漠湖泊就是經過處理的污水彙集而成的，水質完全達標，現在可以為園區的綠化提供充足的用水。湖裡的魚類和水生物，湖邊的水鳥，還有湖岸邊上的青草就是最盡職的水質監測員。

　　我們一行都為這片藍茵茵的水面而傾倒，嘖嘖直嘆。「秋天時，湖邊還來過一些白天鵝落腳哩！引得人們跑老遠來觀看。」烏審召化工園區的一位工作

人員告訴我們，「過去這地方就是塊寸草不生的灰鹼地。風一起灰鹼面子亂飛，時間久了，人的頭髮都是黃的，咋敢想了，還白天鵝哩！」

撫今追昔，我也不禁好生感嘆。我問陳主任，園區中的企業在環保這塊一定投入很大吧？

陳主任告訴我：根據旗委、政府定的「生態立旗」原則，在推動工業化進程中，園區招商引資時，堅決實行環保一票否決制。進駐園區的企業都是上規模的環保型清潔能源企業。這些現代化的循環經濟企業，環保意識、生態意識都特別強烈。現在，這些企業都有自己的環保公司，綠化公司，這個園區每年用在環境治理的投入都在兩億元以上。這些企業的生態公司、綠化公司還可以為烏審召的農牧民提供許多就業崗位。春季植樹種草時，公司用的日工都達到了一三〇元。有的牧民說：過去治了那麼多年沙，都是貼工貼錢，現在栽樹苗子種草還有現錢掙，沙巴拉里挖出寶來了。

我想，這就是公司的力量！

烏審召工業園區的企業治沙模式告訴人們，治沙既然是個產業，就應當用產業化來規範這個產業模式；只有當工業化思維進入生態領域時，生態領域才會產生質的革命。

陳主任還帶我去參觀博源公司的培訓中心——博源商學院。這所商學院建設得非常別緻，全是仿唐式的，深藍色的琉璃瓦頂，灰色的校舍，你會感到像忽然踏入仿唐建築保留得比較好的日本。徜徉在這集會所、教學樓、學員公寓、假山、小溪於一體的雅靜校區內，你不敢相信，三年前這裡也是一片亙古荒漠。

看著建在沙漠中的現代化工廠，幽靜的商學院，我不由感嘆：變了，毛烏素沙漠真是變了！

陳主任帶我攀上了一個綠茵茵的沙丘，說站在那上面可以俯瞰整個工業園區。我站在沙丘上遠眺，一座座現代化的工廠在綠茵茵的毛烏素沙漠中顯得分外醒目。廠房設施大都是銀白色的，靜靜地立在那兒，就像是一尊尊反映現代工業的雕塑，與遠處的沙漠，綠草藍天搭配得非常溫柔和諧。

　　我想著自己來烏審召時的猶豫不決，感到有些可笑。我承認在我的潛意識裡，覺得工業化是個冷冰冰的東西，在它創造財富的同時，也在張開血盆大口，吞噬著文明、傳統、人情、環境。像許多作家一樣，我對工業化同樣存在著莫名的恐懼，對其敬而遠之。看了烏審召化工園區，才忽然發現工業現代化與環境可以搭配得這樣美，這樣讓人心動。循環經濟正在顛覆著傳統工業給我們帶來的可怕的環境夢魘。

三、你說，把它恢復成原樣？

　　當我回頭欲下沙丘時，卻發現我的背後不遠處還隱藏著一個隨沙丘走勢起伏跌宕、錯落有致的高爾夫球場。我以為產生了幻覺，揉揉眼睛，定睛觀看，真是一個相當講究的高爾夫球場，絨絨綠草鋪滿了沙原。

　　我問陳主任：「咋想在沙漠裡搞了個高爾夫？」陳主任告訴我：「隨著烏審旗境內的資源開發，到二○一○年還有十餘家世界級、國家級的大企業要進駐園區，投資額度恐怕不能用百億計算。因此，園區的配套和文化設施要與世界接軌。這個高爾夫球場，是我們國家第一個建在沙漠腹地的國際標準化高爾夫球場。它既改造了沙漠，還搞了綠化，而且還提高了園區品位。這裡交通非常方便，東有鄂爾多斯機場、南有榆林機場、西有寧夏機場，北有包頭機場，

這都在三百公里半徑內。我可是以烏審召為中心畫圓的……」

他說：「另外，我們也想給沙漠文化打造一個極品，定一個標高，毛烏素沙漠還可以這樣搞。」

我望著這座漂亮的沙漠高爾夫，綠色的草坪上，正有一輛高爾夫車緩緩馳過，車上坐著幾個身穿高爾夫運動衣的人正在興高采烈地交談、指點。我聽不到他們在說些什麼，但我能感受到他們一定像我一樣，對眼前的毛烏素沙漠充滿了驚奇、驚訝！

可這驚人變化，不過是用了短短三年多的時間。

一躍逾千年，烏審召換了人間。我和同行者交流著烏審召的今昔巨變，不禁感慨連連，都稱讚烏審召人改造毛烏素沙漠，出手就是大手筆。

「你們千萬別再誇了，咳，」陳主任嘆了口氣說。「我這高爾夫球場也遇上麻煩事了。前些日子上面忽然來了個檢查組，硬說我們這個球場違規……要說，咱這高爾夫球場也是手續有點不全……」

我問：「補辦手續不行？」

他說：「我也是這樣想啊，可檢查組的人非要讓我們恢復原樣。我一聽傻眼了，足愣怔了半天。你說，要恢復原樣？好，既然要恢復原樣，咱先得看看甚是原樣吧？」

陳主任帶檢查組的人去了一片大沙漠，那是從未有過人跡的沙漠。陳主任對檢查組的人說：「這就是原樣！」檢查組的人們無語了。

我問：「現在怎麼樣？他們不再堅持恢復原樣了吧？」

陳主任說：「現在我們正在給有關部門報一些補充材料。該走的手續咱還

得走到，該報的材料咱還得報到……」

我說：「我原以為你讓上邊的人看看原汁原味的沙漠，人家就放你一馬了！」

「哪能呢！人家緩期執行，給咱個補救的機會，我就阿彌陀佛燒高香

烏審沙漠小鎮一角

了！」陳主任道。「關鍵是用水。咱的高爾夫球場用水主要是用的工業園區的循環水，當初建高爾夫球場也考慮的是污水淨化的有效利用。這高爾夫球場要是與人畜爭水，我這關就過不去！」

水永遠是第一位的，是資源，是寶貝。對水的循環利用，是烏審召工業園

區賴以生存和發展的永恆動力。

陳主任告訴我：「沙漠越治理，以後各類建設項目就越難批，徵用土地就越難。攔前些年，有陝北寧夏人跑進這沙窩窩裡建了小焦炭爐子，土煉油爐子，一幹多少年，別說管理部門，連這裡的農牧民們都不知道。過去沙漠太荒蕪了。現在的毛烏素沙漠反倒成香餑餑了！真是三十年河東，四十年河西……」

我還是想見識一下沒有改造過的大沙漠，到了烏審召我更明顯地感覺到，以後再見大明沙怕是不那麼容易了。也許再過兩年，毛烏素沙漠會成為一個傳說。於是，我對陳主任說：「能不能帶我去看一看你說的那塊大沙漠？來一趟烏審召，不能光看非典型化沙漠吧？」

老陳帶我們去看大沙漠。從這裡往東驅車大約走了有半個小時，漸漸進入到黃橙橙的大沙漠裡。放眼望去，沙山逶迤，沙浪起伏，海海漫漫的荒漠根本沒有任何生命的跡象。我想，這才是真正的沙漠！

走著走著，柏油馬路沒有了，車停在了一座高聳的沙山前。眼前還有修公路的跡象，幾台推土機在推著大明沙，我判斷，他們是在推一條路基。陳主任說：「沒錯，是在修路。可以這麼說，烏審旗的每一條路都是穿沙公路。我們得抓緊把路修通，看來還得再上幾台推土機。」

吳振清問：「看這架式，這塊荒漠是不是也規劃了？」

陳主任說：「這塊地劃給中國煤炭總公司了，要上煤化工，總投資要上百億。這可是央企，中國煤炭工業的巨無霸。我這不是正在抓緊打通道路？明年中煤就要開進來了。今冬明春還得完成路兩側的立體綠化帶。不管是任何項目都得邊建設邊綠化，這是旗委、政府的死規定！」

我想，這的確是個推進生態建設的好思路，用工業化帶動生態建設的產業

化。我相信按著這個思路發展下去，這裡也會像建成的烏審召工業園區一樣，實現創業者設想的「廠在綠中建，人在林中走，水在園中游，魚在水中游。」

陳主任道：「咳，我現在擔心的是，要是明年檢查組再來，我可真不知道該給人家看點甚了？」老陳還在想著他的高爾夫球場。我與老陳告別時，真心祝福老陳的高爾夫球場走運，我也衷心祝福毛烏素沙漠走向現代化。

這次烏審召之行，使我下決心把氣力定在綠色烏審的採寫上。我堅信，毛烏素沙漠有故事。

四、真的，兀其高的沙漠咋就沒了？

兩年多來，我多次走進烏審旗沙漠裡，想要親眼看著那殘存的一座座大明沙低下不馴的頭，像被馴服的野馬一樣老老實實地被牧人套上籠頭。我發現，在烏審草原越是大的明沙梁越是孤單，已經失去了飛沙走石的凶悍，只得穿上人們為他精心縫製的綠裝，慢慢匯入綠色烏審那浩浩綠海之中。毛烏素的悄然引退，在烏審大地已經開始了倒計時。

我不敢說自己像烏審旗的鄂爾多斯人一樣與毛烏素沙漠休戚相關，但我能從毛烏素沙漠的變化上看出時代的變遷。毛烏素沙漠是有生命的。

我蒐集閱讀了有關毛烏素沙漠及烏審旗的歷史、文化、農牧林業、工業、地理、地質等各式各樣的資料，足有上千萬字。我初步曉得了毛烏素沙漠的黃與綠、紅與黑。

為了立體地掌握毛烏素沙漠在烏審旗的狀態，把毛烏素沙漠看得更清楚，兩年多來，我從不同的方向穿越毛烏素沙漠進入烏審旗。從東勝出發往烏審旗走，最便捷的是走包茂高速公路，過成吉思汗陵再西行，上蘭深公路，直達烏審旗嘎魯圖鎮，這可見識烏審旗的東部沙漠。我有意南轅北轍，從東勝往西過杭錦旗，然後穿越烏審旗的北部沙漠，至嘎魯圖鎮。為了看烏審旗的西部沙漠，我從東勝到鄂托克旗，再由鄂托克旗穿越烏審旗西部沙漠公路直達嘎魯圖鎮。為了看烏審旗的南部沙漠，我繞道陝北榆林市，走定邊、靖邊縣，然後掉頭往北，直達無定河，過蘇力德草原，到達嘎魯圖鎮。

　　嘎魯圖鎮在蒙古語中是鴻雁的意思。這個小鎮現在是烏審旗人民政府所在地。這裡剛解放時只是一個有幾百人居住的小土圍子。六十多年過去，現在這裡已是一個美麗的初具現代化的城市，有常住人口五萬餘人。嘎魯圖的鎮長自豪地告訴我，它這個鎮子包括城市，沙漠，草原，農村，方圓有二四七五平方

嘎魯圖鎮一角

　│ 尋找毛烏素：中國沙漠的綠色傳奇 │

公里。他領我參觀了鎮區所轄的草原，沙漠，城市。他告訴我，二○○九年八月，在有聯合國人居署和亞洲人居署派員參加的會議上，中國房地產及住宅研究會人居環境委員會將烏審旗定為首家中國人居環境示範城鎮。

在二○○九年七月二十六日發佈的《第九屆全國縣域經濟基本競爭力與科學發展評價報告》中，烏審旗排名西部百強縣第三十三位。媒介報導這個消息時稱：

烏審旗雖然地處中國版圖西部的毛烏素沙漠腹地，但這裡並不是一片貧瘠的黃土地。事實上，烏審旗自上世紀五○年代就因植樹造林、抵禦風沙、改造自然環境，與大寨齊名，有「農業學大寨，牧區學烏審召」之稱。但在隨後改革開放的若干年裡，卻逐漸在全國人民的視野中淡出，直到最近幾年，一批資源能源企業在此聚集，才重新喚起了人們的注意。

這樣的報導一看就是北京的記者寫的，高屋建瓴，俯視全國，他有可能連毛烏素沙漠都沒有來過，揮筆就給烏審旗定了位。不像我輩眼睛就定住毛烏素沙漠，一連幾年都不放。

可就是這塊沙漠，讓我咋看也看不夠。而且我把觀沙的樂趣、發現傳遞給我的朋友們。我曾多次對戰友丁新民等人說：「毛烏素沙漠在烏審旗可抗不了幾天了，張平帶著他的全旗人馬，快把毛烏素沙漠收拾完了。」

丁新民是鄂爾多斯東方路橋集團的老總，三十年前，他在當時的伊盟公路勘測部門當書記。他熟悉毛烏素的沙漠公路，幾十年來，他不知穿越過毛烏素沙漠多少次，現在鄂爾多斯沙漠上的許多道路，都是他當年帶著勘測隊員一步一步勘測出來的。

老丁非常有把握地對我說：「我知道哪兒有大沙、明沙。烏審旗的路我熟，有時間我和你一同去找，去看。」

二〇一〇年的夏天，我和丁新民等人在烏審旗轉來轉去，尋找著大明沙。像樣的明沙沒有見到一座，倒是見到了多條新修的瀝青油路穿行在綠色覆蓋的毛烏素沙漠裡。我們都有些吃驚，老丁現在是鄂爾多斯路橋建設的大哥大，我在鄂爾多斯交通部門供職也有三十年餘，我倆竟然都不清楚這些路究竟是何人所修。現在烏審旗境內的毛烏素沙漠已網格化，而這些網格就是由四通八達的道路構成的。這是在綠色烏審建設中實施的以嘎魯圖鎮為中心輻射全旗鎮、區的半小時經濟圈，這樣的公路建設格局，把毛烏素沙漠切割成塊，便於人們對毛烏素沙漠的有效治理。還有橫穿毛烏素沙漠的鄂爾多斯南部鐵路，在某種意義上來說，都已經成為綠色烏審工業化治沙的重要組成部分。

老丁說：「那麼兀其高的大沙漠好像就在我眼跟前晃蕩著，你真要找它還真費上勁了……」同行的人都有同感：真的，那麼兀其高的沙漠咋不見了？

在嘎魯圖鎮我們見到了烏審旗委書記張平。老丁道：「這兩年，老肖總是給我說毛烏素的沙漠快讓你們給治沒了，我還不信。以往也沒少來烏審旗，坐在車上，總覺得還是走在毛烏素沙漠上。可真的瞪大眼珠子一找，沒了！」我們都笑了。

「好多人也都有這樣的感覺。我們都是常年在這個過程中，可能感覺就不像作家那樣強烈了。要說大的明沙全旗範圍內還是能見到一些的。烏審召就還有不少，你有時間可以去看一看。」張平這樣對我說。

五、隔壁雇日工都給到一百六了，他還給一百四，看娘娘明日敢給他轉場不？

　　我再次去了烏審召，旗綠化委的主任邵飛舟與我同行。他有些不明白，別人來烏審旗，都是看綠色，你咋非要找大明沙看？我說，我也算是咬定沙漠不撒嘴了。

　　我們到了烏審召。邵飛舟先給我安排了參觀烏審召鎮的牧區大寨紀念館。在紀念館裡，我看到了許多翔實的文物和照片，尤其是寶日勒岱背著沙柳艱難攀爬高沙梁的照片給我以很大的衝擊，感受到了當年烏審召人治沙的艱難和決心。我想看看這座沙漠，同行的人告訴我這座沙漠現在已經被規劃進了化工園區，當年的這些大沙漠只能存在於照片上了。

　　在烏審召我終於見到了寶日勒岱他們當年栽下的「砍頭柳」，現在粗壯得一個人都抱不過來。我撫摸這些老樹粗糙的樹皮，都能體會到寶日勒岱他們當年在毛烏素沙漠上植樹時的萬般艱難。

　　邵飛舟說，當時整個烏審旗就沒有樹苗子，寶日勒岱他們要想栽樹，都要拉上駱駝翻越幾百里大沙漠去陝北榆林買。那時，沙漠上哪有路？唯一的路標就是牲畜的糞蛋子。

　　烏審召鎮黨委書記張志雄也對我道，樹苗子是活物，嬌貴啊。他聽去榆林拉樹苗子的人講過，每根樹苗子的根部都得用濕麻布捆綁著保濕，路上遇到水窪子都得把樹苗子放進水裡浸濕。就是這樣，還有不少樹苗子不等回到烏審召就讓黃風吹成了乾柴火。樹苗栽下了，水跟不上旱死的、被沙埋的太多了；好不容易長出樹芽了，又有被牲畜啃死的。這些活下來的樹棵棵都是九死一生。

　　我看著這一排排大樹，感到它們都像是堅強戰士，都是那個時代的見證。我對張志雄說，現在應當把這些樹都保護起來，這是當年牧區大寨的活文物。張志雄告訴我，他們今年已經對烏審召廟區的十幾棵古樹進行了保護復壯。以後掛個牌或立塊牌子，告訴人們這就是當年寶日勒岱他們種的樹木。

　　談到烏審召鎮的生態建設，張志雄說隨著烏審召鎮工業化、城市化的推進，對環境要求要比過去高了許多。我們以後還要在美化環境上下些功夫，把鎮區搞得漂亮一些。今年春天鎮上光購買萬壽菊、牽牛花等景觀花木就用去了一百一十萬元。另外，投資二百多萬元重點在道路兩側栽種了樟子松、旱柳等優質樹種。近幾年，鎮上用於生態治理的投資已經達到八千六百萬元。

　　我問他鎮上財政收入如何？張志雄說今年能上五千多萬。我說你現在可是財大氣粗。他連連搖頭說：「別說比市裡，就是在全旗範圍內比我這還不行。我現在不說別的，光鎮裡市政這塊投入每年都得上千萬。『十二五』期間，若

鎮財政收入過不了億，我這兒的速度就得慢下來。」

聽著張志雄千萬、上億地數字，感到烏審召真是富裕了起來。我告訴張志雄我看過一個資料，一九七六年時當時的烏審召公社牧業總產值才四十二萬元，這已經是全旗產值最高的牧業公社。

我說：「我這次是來看大明沙來了。」張志雄說：「鎮上現在辦起了個生態旅遊公司，現在來烏審召旅遊的人不少，生意還不錯，人們都想看看烏審召，看看大沙漠。只是近處看不到大明沙了，這多少讓大地方來的人感到有些不便利。」我說：「這還是越不便利越好。真要遍地還是大沙漠，也就沒人來了。」張志雄笑了起來，說：「沒錯，你坐上我的車，我得帶你去看看咱烏審召的大明沙。」

我上了他的豐田越野車，張志雄駕車一直往西開去。我告訴張志雄，烏審召化工園區的陳主任去年也陪我看過塊大沙漠，他問我是不是東面哪塊？我說是的。張志雄說中煤今年已經在那兒搞場平了，你要再去老陳那兒看沙漠，他可真沒有給你看的了。

張志雄說，現在全烏審召鎮生態治理總面積已經達到近二百萬畝，生態恢復面積也在二百萬畝。另外還實施了四十餘萬畝「退牧還草」項目。「退牧還草」就是人、畜徹底從草場退出來，實行人上樓，畜進棚。這樣，草場就可以得到休養、恢復，提高草的高度，密度，幾年下來，你再來看……他對烏審召的未來充滿了信心。

人上樓，畜進棚，張志雄似乎是不經意間講的，但我知道這句話的背後必須有強大的產業化支撐。只有當工業化、城市化進入到毛烏素沙漠之中，人們千百年遺留下來的生產、生活方式才會得到改變，而賴以維繫這種生活、生產方式的土地也才會得到相應的改變。沙漠是幾千年農、牧業文化遺留下來的產

物，傳統的農、牧業生產方式不得到改變，而沙漠也不會得到改變。也許，工業化是沙漠的剋星。

張志雄把車開下了公路，拐進了一條簡易土路，這條路穿行在蒼茫茫的寸草灘上，草原顯得很是開闊。開闊得有些單調，無盡的綠色，綠色。走了一段路，在綠茵茵草灘上就能見到一塊塊黃橙橙的明沙了，每塊沙都不大，不過有足球場大小，像積木一樣東一塊，西一塊地散落在草地上。張志雄說再往西就能看見連片的了。後來還是見到了連片的明沙，但與我記憶中的沙漠相差甚遠。我有些失落，那真可以說是高興的失落。張志雄像是安慰我說：「再一直往西還有高的，大片的。就是沒有路了……」

我望著這片沙漠，沙漠上有推土機轟轟作業，沙漠邊上有許多人影晃動。我不知道這片沙漠上又在搞什麼樣的項目，也許過不了幾日，連這樣的沙漠也見不到了。

張志雄用手比劃著眼前的明沙，對我說：「這塊沙漠我可不想把它簡單地染綠了，我要讓它出大效益。」原來，鎮裡已經在這裡規劃了萬畝樟子松基地，開始動工了。現在沙漠邊上已經有了零零散散的小規模的樟子松苗圃，有些已經有了收益。

張志雄帶我去了沙漠之間的一塊巴拉地上。所謂巴拉地，就是人們常說的沙灣子，一般是在兩座大沙丘之間。過去，烏審旗的農牧民都在巴拉地上開小片荒。現在這裡已經建成了一個樟子松苗圃，松樹苗綠油油的，有四五十公分高。一群女人正在往外移苗，苗圃邊上有兩輛汽車，車上裝著松樹苗子。地邊上還停著幾輛小汽車，我有些奇怪，不知是什麼人用的？邵飛舟說人們開著小汽車種地的多了去了。

張志雄問在地裡幹活的一個女人：「咋這麼矮的苗子就往外賣了？」那女

人說：「領導，我是打工的，這事你得問老闆。」張志雄說了一個人的名字，那女人笑著道：「隔壁那塊苗子地雇日工人家都給到一百六了，他還給一百四，看娘娘明天敢給他轉場不？」轉場是指倒地方。日工一四〇元人們還罵娘，應當算是幸福的嘻罵了。那女人一面嘻罵著，一面忙忙碌碌地幹著活。

張志雄打了個電話，看來是找到了這塊苗圃的主人，訓了一氣，然後放下電話道：「我早給他說過，到明年這苗子就能長到八十公分，和現在出苗價錢能多下一倍。可他架不住人家央求著非要買苗子，只得三十幾元一株就給賣了。」

我問一畝地能出多少松樹苗子，邵飛舟說千餘株應該沒有問題。鄂爾多斯綠化面積廣，現在樟子松苗子供不應求。旗裡搞五十萬畝樟子松育苗基地，就是瞅準鄂爾多斯和旗裡的綠化市場建的。

我問他們育苗經濟效益如何？張志雄說：「咱們算個賬，一畝就按千株計算，每株三十元，就是三萬元。這一萬畝的產值是多少？三個億！你說這塊沙漠是不是聚寶盆？現在人們是搶著開發荒漠，為甚？因為這裡面有利！有利才能吸引投資，人們才有積極性，才有主意，有辦法！這事我可是琢磨上了，我在鄉鎮幹了小二十年了，過去咋治不住沙？主要是淨當貼面廚子了，人們積極性咋能長遠？遠的不說，就像咱烏審召，上世紀六七〇年代治理沙漠那可是全國出了名的『牧區大寨』，可也沒能治住窮，你們說是不是？我看現在旗委、政府提出綠富同興，這才挖在了事物的根子上……」

邵飛舟也說：「現在的產業化治沙是以提高經濟效益為拉動的，一面治沙一面治窮。沙漠綠了，人也富了。綠富雙贏才是真正可持續的科學發展。」

我望著眼前的沙漠，想像著兩年以後這裡成了萬畝樟子松苗圃，不光出綠，還能滋生財富。沙漠已經成了烏審召人的生財之地。

嘎魯圖鎮風光

張志雄拉我到了他的生態移民小區，這個小區在鎮的東面，已經建起了十餘幢六層樓房，看上去很是漂亮氣派。這個小區全是給「退牧還草」的轉移牧民安置的。張志雄說全部是免費住房，而且是精裝修，就是這樣，牧民們還不願意住呢，鎮上的幹部還得磨破嘴皮子動員他們上樓。

張志雄指著一幢漂亮的大樓，說這是已經落成的社區服務中心。裡面圖書館，會議廳、黨員活動室、娛樂室，健身房，衛生站一應俱全，還有幼兒園馬上就能投入使用了。這些配套設施完善了，就更能吸引牧民入住了。我問他現在住人了嗎？張志雄道：「今年已經搬進了百十戶，明年就能全部入住。我讓鎮上的幹部和新分來的大學生全部深入到住戶當中，每個人包幾戶，連他們如

怎不憶江南？

何使用衛生間，你都得替他們考慮到……」

張志雄他們考慮得是周到的。但我也有些擔心，上了樓的牧民們能適應了現在的生活嗎？他們的生活來源是什麼呢？

說心裡話，我不願意見到牧人的失落。這些放了一輩子牲畜的人們，與草原、沙漠打了一輩子交道的人們，忽然被封閉在這樣一個狹小的空間裡，那種不舒服甚至可以說是痛苦，我是能夠想像得到的。面對如此大的落差，我不知道該如何把握和反映。同樣，對在草原、牧區快速推進的城市化建設，我也有一個慢慢消化和適應的過程。

我與張志雄約定，一年之後，我還會來這個移民小區的。

六、張平說：「我看還是叫毛烏素吧，這樣，啥都有了！」

　　今年夏天，張平邀我在我家附近的一個茶樓裡喝茶，我去時，他已經在茶室等我了，茶桌上還擺放著幾份文件。我握著他的手說：「你可是大忙人，咋？請人品茶還不忘簽閱文件？」張平無可奈何地笑笑，顯得略有些疲憊。旗、縣委書記，在中國的幹部序列中，是最具實權卻又是最忙累的一個職務。他說下午市裡開個會，上午這段時間正好有空，咱們好好聊聊。我開玩笑說，我也正想聽聽你這八年之癢。張平聽後笑了起來。

中共烏審旗委書記張平在首家中國人居環境示範城鎮大會上發言

張平中等個，人挺幹練，只是四十幾歲的人已經有些謝頂。臉雖有些發黑，但掩蓋不住書卷氣。這位畢業於內蒙古大學經濟系的高材生，四十歲的時候來到烏審旗擔任人民政府旗長，五年後接任旗委書記。說起綠色烏審建設，張平興致勃勃。

張平告訴我，二〇〇三年他到烏審旗工作，經過將近一年的調研、醞釀，積大家的共同智慧，一直到二〇〇四年的夏天，才正式確定「以人為體，建設綠色烏審」這個發展理念。實際上建設綠色烏審不僅是生態理念，更重要的是在市場經濟的前提下，以發展為第一要務，關注可持續發展，構築以循環工業為核心的綠色工業，有機農、牧業，以城鎮新興產業和文化旅遊業為主體的生態性產業體系。同時還包容了打造「綠色通道」，強調依法行政，建立誠信政

張平（右五）、烏審旗旗長牧人（左四）陪同自治區領導考察毛烏素沙漠

府，全心全意為人民服務等內涵。

聽他娓娓講來，我禁不住再仔細端詳他，更覺得他像一位在校育人多年的中學老師。就是這個看似普普通通的中年男人，帶領十萬烏審兒女喝退了暴戾千年的毛烏素沙漠。在人與沙漠的博弈中，張平是一個幸運的勝出者。

張平道：「實際上我是站在前人的肩膀上，也可稱前人栽樹，後人乘涼。烏審人民有半個多世紀的治沙防沙實踐經驗，當然也有教訓。我這屆班子帶領烏審人民在與沙漠的博弈中，汲取了以往的經驗教訓，盡量少走和不走彎路。我是『十五』末期來烏審旗工作的，當時烏審旗的植被覆蓋率已經達到了百分之七十，已經是很高的了。到今年，植被覆蓋率為百分之七十九，我這八年，每年平均提高百分之一多。所以我說，我們的成績是一點點累加的，集中了烏審旗人民半個多世紀的努力和付出……」

我有些疑問：「我也是老鄂爾多斯了，上個世紀末、本世紀初也常來毛烏素沙漠工作和采風，按說百分之七十的植被覆蓋率，也應當是滿眼皆綠了，我卻沒有這個感覺。當時覺得沙子很大，很高，目及之處，也是黃橙橙的。我在採訪中，提及毛烏素沙漠的變化，人們都說是近幾年明顯感到一下子綠了，沙漠也矮了許多。」

我告訴他：「我得到的最大發現是我們熟悉的毛烏素沙漠真的沒有了。」

張平微微一笑說：「我只能說是烏審旗境內的移動沙丘已經成為歷史。我不知道你發現了沒有，同樣是植被覆蓋，這裡有沒有什麼變化？」我告訴他，我光顧尋找大沙漠了，真還是沒有注意觀察植被的變化。張平說：「過去的毛烏素沙漠的防治，只可遠觀，不可近看。不知你還記不記得，過去沙漠上栽沙柳、沙蒿，遠看綠綠的，可你到跟前一看，這些沙生灌木周圍都是光禿禿的，一片片荒沙。這些沙柳、沙蒿都像貼上去的綠補丁。現在呢，這還是偷著放牧的農牧民告訴我……」

我知道，烏審旗堅決實施了禁牧、輪牧政策，在禁牧期間實施棚圈飼養。現在綠茵茵的毛烏素沙漠裡，很少見到有畜群活動，偶有見到也都是違背禁牧令而偷偷放牧的。

我看著張平，暗想，這些偷牧的農牧民會告訴他什麼呢？

張平說：「現在偷著放牧的農牧民們告訴我，現在放牧不用跟著羊屁股跑了。過去羊兒吃沙柳，沙蒿，一天跑上幾十里地，羊肚子還是癟的。你知道一隻綿羊每天的食用鮮草量是多少嗎？是六公斤。可羊兒跑一天也吃不到六公斤，可見我們的草場草分質量是多麼的糟糕！而現在呢，剛出坡沒多遠，羊群就吃飽了，臥在地上不動了，正好被禁牧隊員抓個正著。」

他釋疑道：「用老百姓的話說，現在沙漠上高草、低草全有了，正好放牧了。這告訴我們什麼呢？現在沙漠上的草的成分已經發生了變化。過去毛烏素沙漠只有防沙固沙的先鋒草種，像沙柳、沙蒿，現在這些灌木叢下的沙地上已經有了像鹼草、蒲公英這樣的爬地皮草。現在的毛烏素沙漠既可遠觀，也可近看。有人對我說，羊兒關在棚裡，聞見青草腥味兒，都快急瘋了。我說瘋了也沒辦法，要是把這些羊兒，馬兒都放出來，用不了多久，高草沒了，低草也沒了。我們生態恢復了幾十年才有了現在這樣子，幾代人的心血啊！要是破壞起來快得很，不用幾年，毛烏素沙漠就又回來了！『生態立旗』是我們在不管什麼樣的情況下都要遵守的鐵律！」

我問：「現在烏審旗的牲畜保有量是多少？」張平告訴我，實施禁牧前，烏審旗的牲畜保有量是六十四萬頭（隻），現在的保有量是一百七十四點九三萬頭（隻）。二〇一〇年農牧業的產值在全旗總產值中占百分之五，二產的產值占百分之七十三，三產的產值占百分之二十二。烏審旗現在可以說是既是牧業大旗，更是工業強旗。烏審旗是在發展工業化、推進城鎮化的過程中，促進和推動了生態的恢復。

　　張平肯定地說：「如若沒有工業化、城鎮化，烏審旗境內的毛烏素沙漠不會像現在這樣得到有效的治理。我們在資源富集區、生態脆弱區闖出了一條實施綠富同興的路子！」

　　我興奮地說：「我想真實紀錄這個過程，並且想好了一個題目，就叫：尋

找毛烏素沙漠。」張平沉吟了一下道:「我看就叫尋找毛烏素吧,這樣,啥都有了。」

我在整理閱讀過去的資料時,發現越是黃沙滾滾,一片荒漠,人們越是高喊人定勝天,向沙漠進軍。現在沙漠固定住了,人們反倒平和了許多,在談到

沙漠時，反而產生了幾分敬畏。

張平說：「也有人給我提議，說烏審旗明沙不能再治了，沙漠全綠了也會出問題。我們根據中科院專家的建議，有意給一些沙丘實行了半固定，給部分沙地留下『呼吸的空間』，以減少植被對地下水的消耗。我也在琢磨，土地對林木植被的承載量是多少呢？也有一定的限度吧？尤其是我們的蒸發量，遠遠大於降水量，林木植被的過盛一定會影響地下水。所以我們就要逐漸淘汰一些用於固沙的先鋒樹種和草種，像楊樹就不能再種了，它就像一台台小吸水機，抽取著地下水；而要種一些耐旱的樟子松、油松等。要建立自己的苗木基地，培育耐旱的樹種。」

張平說，培育林木基地是近幾年才成規模興起的，需要我們慢慢摸索。以後生態治理的重點，將是集中力量用於林分草分的改造，在效益上下工夫。在

綠色烏審風采

我們這裡，防沙固沙那一頁已經掀過去了，在沙漠上挖掘財富的時代正在開始。

聽著張平娓娓而談，我想起了錢學森先生期望的，要在一百年內，在沙漠上挖出千億產值。

泛著青色霧靄的遠方
啊，那是牧人的夢想

03章

一、薩拉烏蘇有顆「中國牙」

　　距今七萬年前，鄂爾多斯地區屬於氣候溫暖、雨水充沛、水草豐美的亞熱帶地區，到處是一眼望不到頭的森林、草原。這片廣袤的森林草原上，出沒著數不清的扁角鹿、羚羊、披毛犀、納瑪古象、虎豹豺狼、原始牛、野馬、野驢等多種古動物。食草食肉的動物們都有各自的領地，嚴格遵守著物競天擇的森

林規則，蹦蹦跳跳，生生死死，倒也相安。

不知什麼時候，這些動物們的眼前忽然出現了一些詭異的直立行走的另類，打破了森林的固有平衡。這些傢伙們站立起來奔跑，並開始捕捉羚羊兔子野牛野馬之類的動物，撕扯啃咬，茹毛飲血。更讓動物們震驚的是，這些另類們後來竟然把捕到的獵物，架在火上燒烤，然後分食。這樣的稀罕吃法連森林之王老虎以及殘暴的豺狼們都做不到。

森林中的大小動物開始懼怕、躲避這些另類。這些另類們不知何時有了削尖頭的樹棍、骨刀、石斧，這些稀奇古怪的玩意兒，都成了另類們代用的牙齒。動物們還發現，有許多被另類們捕獲的獵物們，也不被全吃光扔掉了，他們把吃剩下的野驢們、野馬們、野豬們、野羊們圈起來進行馴化，讓它們繁衍生息。動物們不怕被吃掉，就是怕被圈起來馴化，那是對動物生存法則和尊嚴的挑戰。

一匹紅色的野兒馬被另類們逼在了用木頭所圍起的柵欄內，紅兒馬嘶鳴著，頸毛都憤怒地直立了起來。另類們也都被紅兒馬的氣勢鎮住了。這時，一個高大威猛的傢伙走了過來，紅兒馬稍一分神，就被抱住了脖子，那傢伙翻身上了馬

薩拉烏蘇河谷——「河套人」從這裡走出

背。紅兒馬狂怒了，一躍老高，竟然馱著那傢伙越過了高高的柵欄，並把他狠狠摔在了山坡上。那傢伙生氣地站起，狠狠啐了一口，一團血水噴在了地上，一顆白色的牙齒落在了草地上。同類們看著他失去上門牙的大嘴，哈哈地嬉笑著。他心儀已久的女人，也在咧著嘴露著一排靈巧的小白牙竊笑著。他不禁惱怒地將那顆讓他丟臉的牙抬腳踢得老遠，那顆牙閃了一下，不見了。

當這顆牙被重新拾起被人像神靈一樣捧在手上時，是在上個世紀二〇年代，發現這顆牙的人是法蘭西的考古學家桑志華、比利時考古學家德日進。這顆看來並不起眼的牙化石，像是驗證著他們對烏審旗薩拉烏蘇古人類活動的探

究、判斷和思考。

正是有了這顆古人類的上門齒，早期生活在薩拉烏蘇流域的古人類被中國古人類學界定名為「河套人」，而西方學界又將其稱之為「鄂爾多斯人」。這倆稱謂，究竟哪個準確哪個通用，學界現在仍是爭論不休。

我覺得爭論的癥結在於對「河套」的理解，更在於對「河套」產生的歷史不甚明了。早年我曾研究過交通史、航運史，據我所知，黃河現在的走向，是清朝晚期改道而形成的，至今不過一百多年的歷史。黃河史書上被稱為「北河」，而黃河故道就是現在陰山腳下的五加河。歷史上將五加河（古黃河）以

「河套人」遺址紀念館

泛著青色霧靄的遠方啊，那是牧人的夢想｜03章　93

南、陝北長城以北廣大地區統稱為「河套」。

河套地區歷來是中國北方少數民族的游牧地，明朝天啟年間，鄂爾多斯部落進入河套地區，這片廣袤的地區才成為鄂爾多斯游牧地。一八四〇年間，黃河改道將河套地區一沖兩半，分為前套、後套。前套指鄂爾多斯地區，後套指巴彥淖爾地區。

照我看來，薩拉烏蘇古人類不管是叫「河套人」也好，叫「鄂爾多斯人」也好，其實他們對古人類學界最大的貢獻就是貢獻出了一顆「中國牙」。

桑志華他們在烏審旗拉烏蘇河流域發現的這顆「箕形上門齒」，亦稱鏟形牙。據人類學家魏敦瑞先生考證，萬年前的中國北京猿人（亦稱「山頂洞」人）以及商代人頭骨上門齒也都是鏟形牙，現代的中國人亦具有鏟形牙。人類學家李濟在《中國文明的開始》一書裡，認為鏟形牙是中國人獨有的人類學形象象徵。人類學家步達生也認為：中國人科的演進雖可分為幾個階段，但箕形上門齒從未間斷。這一現像是中國特有的，人們尚未在世界上別的區域發現類似的情形。國內外許多考古學家都考證，世界上其他人種都不具備鏟形牙。

所以，「河套人」這顆「中國牙」是迄今為止發現的最早的具有中國人種形態學上的中國元素。在薩拉烏蘇河流域勞動生息繁衍的「河套人」，成了國內外公認的中華民族的祖先。

據《伊克昭盟志》記載：

自二十世紀以來，在薩拉烏蘇流域共發現了二十三塊古人類化石，古人類學界認定這是三點五萬年生活在鄂爾多斯境內的「河套人」化石。在薩拉烏蘇等文化遺址中發掘出土的舊石器時代、新石器時代的遺物，這些豐富的文化遺存說明他們已會製造石器、骨器、陶器、過定居生活，從事農業生產和畜牧狩

獵活動。

「河套人」已經成了鄂爾多斯的象徵和驕傲。薩拉烏蘇文化更是飄揚在毛烏素沙漠上的一面旗幟。薩拉烏蘇遺址也被確定為國家遺址保護示範基地。有關部門多次召開有國內外學者、專家參加的「薩拉烏蘇文化研討會」。

二〇〇六年，中國內蒙古鄂爾多斯博物館宣佈，根據最新的對「河套人」生存的砂岩地層最先進的科學測定，認定「河套人」的生存年代應在七萬年之前。

西方學界「非洲起源說」的中心就是講現代人類都是起源於五萬年前的一個叫「非洲夏娃」的女人。「非洲起源說」一直統治著古人類學界，當然也有不同的聲音，那就是現代人類的「多地起源說」，但一直缺少考古成果的支持。

中國人從哪裡來？在西方學者眼裡，中國人也是「非洲夏娃」的後代。現在，這顆七萬年前的「中國牙」給了人們確定的答案。如果「河套人」生活的年代是七萬年以前，這顆「中國牙」就與「非洲夏娃」沒有關係，支持和佐證了現代人類起源的「多地說」，甚至可以破解和詮釋「我是誰」這個人類生命學的百年難題。

這顆「中國牙」引發的鄂爾多斯風暴席捲了西方學界，「河套人」創造的薩拉烏蘇史前文明正在影響著世界。有專家稱薩拉烏蘇文明就是綠色文明，是綠色文明孕育了中華民族的祖先「河套人」。而七萬年後，烏審大地正在實施的「以人為本，建設綠色烏審」，既是對歷史綠色文明的繼承，也是對現代綠色文明的開創。

烏審兒女對這塊誕生中華民族祖先的土地充滿了熱情和期待，他們想把它

裝扮得美麗多姿。二〇〇八年，在對全旗國土空間開發利用重新構築時，旗委和政府提出了建設「一核三帶一廊」的總體佈局思路。這個將烏審旗帶進工業化、現代化、城市化的戰略佈局，將使烏審旗告別傳統的農牧業生產生活方式。

對「一核三帶一廊」，烏審旗委書記張平在接受記者採訪時曾有這樣的闡述：

「一核」是指以旗府所在地嘎魯圖鎮為核心區，各產業重鎮和項目區為基點，全力構築「半小時經濟圈」，強化嘎魯圖鎮核心區中心地位，要素聚集和輻射帶動功能，促進人口集中，推進城鄉統籌。

「三帶」，就是在一一六四五平方公里的國土面積上，搞三條產業帶。一條是沿陝西省邊界的工業帶，亦稱沿邊工業帶。一條是沿無定河流域的現代農牧業產業帶。還有一條叫生態涵養帶。

「一廊」是指烏審召經嘎魯圖、察罕蘇力德、巴圖灣、薩拉烏蘇文化遺址的生態文化旅遊長廊。

張平在談到這樣的佈局時，特別強調：之所以進行這樣的佈局調整，目的只有一個，那就是保護烏審旗的生態環境，促進烏審旗的科學發展。我們提出這樣一個口號，叫做「用集中開發利用 1% 的土地換取 99% 的生態恢復」。這裡面有一個重要舉措叫做「大集中，小集聚」。「大集中」就是人口向城鎮核心區集中，工業向沿邊工業帶集中；「小集聚」，就是農牧業向適宜發展現代農牧業的區域集聚。這就意味著烏審旗將有大量的人口和大量的農牧業生產要素從原來的土地上退出去；騰出的大片土地，在將會嚴格禁牧，同時推進種苗繁育基地、新能源林基地建設，實現生態建設轉型，加快生態產業化進程。

這是對傳統農牧業文明的顛覆，還是對薩拉烏蘇綠色文明的傳承？這塊沉

「薩拉烏蘇」文化遺址紀念碑

澱了七萬年傳統文明的土地，面對的是一個徹底告別傳統的現代工業革命，這必然會有一個陣痛期，一個全新的綠色烏審正在這陣痛中誕生。

古老的薩拉烏蘇文明，造成了烏審人對草原、對沙漠、對他們世世代代賴以生存的土地的敏感，對敏感的事情他們有著自己的訴求和表達。記得在上世紀八〇年代時，上級勘測部門開始在烏審旗找氣找煤。因為勘測隊伍有日本專家，這下引起了烏審人的猜測、擔憂和不滿。烏審人不明白，這些日本人為什麼要在我們放羊的草地上打窟窿呢？打這些窟窿有什麼用呢？

於是，他們向上級提出希望日本人能離開烏審草原。領導們只得好言勸慰，說些讓牧人們支持改革開放，要顧及大局和注意影響的話。烏審人自然不

滿意。於是有一天，勘測隊的駐地忽然聚起了無數騎馬的烏審人。出於多方面的考慮，勘測隊調離了烏審草原，去鄰近的陝北、寧夏的毛烏素沙漠中勘測。

這就是傳說中的上世紀八〇年代中期在烏審草原驅趕日本人的故事。這個故事帶來的負面作用就是，烏審旗的資源家底多少年來沒有搞清楚。而就是這些有日本專家的勘測隊伍，在和烏審旗接壤的陝北許多地方勘測出了氣田、油田和煤田。鄰近的陝北人因油因氣因煤而暴富的傳說，不斷傳到了烏審草原，這讓烏審人感到有些糾結，甚至懷疑當年的行為是不是有些莽撞了。

於是，有沉不住氣的人找到蘇木的領導悄悄地問：「油田的勘探車和鑽機

多時再回來呢？」領導瞪起眼珠子喝道：「讓人家回來幹甚？等著挨你的馬蹄子踢呀？」

「這次我保證，我給他們殺羊吃！」

「人家希罕你的羊呀！」領導訓斥道。「你就捧著金飯碗討吃吧！守著這有氣有油有煤的沙巴拉放你的羊吧，歪在馬背上喝你的燒酒吧！」

話雖這樣說，烏審旗的各級黨政領導還是四處活動，爭取上項目，搞開發。領導們拍著胸脯子向有關部門保證：「你們放心來，我帶著鄂爾多斯姑娘

從毛烏素沙漠穿過的無定河

們為你們獻哈達，敬燒酒！」

到了上世紀九〇年代中期，各式各樣的勘測隊伍，浩浩蕩蕩開進了烏審旗的毛烏素沙漠。烏審人民以極大的熱情支持勘測隊伍的工作，殺羊敬酒獻哈達，歡快的鄂爾多斯敬酒歌飄蕩在毛烏素沙漠。經過十年艱苦細緻的勘測，當各種資源數據匯攏到人們面前時，人們幾乎驚呆了，黃澄澄的毛烏素沙漠下真是蘊藏著座座金山呀。

烏審旗位於國家級重化工基地陝西省榆林市和國家戰略能源基地內蒙古鄂爾多斯市的交界地帶，天然氣、煤炭資源共生富集，潛力驚人而且利於發展循環工業和配套開發。現經國家有關部門的確認，烏審旗境內天然氣探明儲量為一點二萬億立方米，遠景儲量為三點六萬億立方米。現已勘探發現蘇里格、烏審、長慶、大牛地四個超千億立方米的大氣田，可以稱之為「中國天然氣之鄉」。煤炭資源儲量豐富，品質優良，預計儲量為一千億噸之上。煤層氣總儲量為一點三八萬億立方米，多年平均水資源總量是六點八億噸。另外，天然鹼、陶土、泥炭、石英砂、白堊土等礦產資源也儲量可觀，極具開發價值。蘇里格氣田儲量高達八千億立方米，是世界最大的天然氣整裝氣田。中央電視臺在新聞聯播頭條要聞中，向世界播發了在烏審旗境內發現世界最大整裝氣田的消息。

烏審旗號稱「中國的科威特」，當之無愧。

在新世紀前，除了烏審召鹼礦，烏審旗基本沒有什麼工業，財政全靠農牧業稅，各項經濟指標總和一直位於鄂爾多斯市的倒數第二。二〇〇〇年底旗財政收入六六〇八萬元，城鎮居民人均可支配收入四八三三元，農牧民人均純收入二六四一元。植被覆蓋度百分之五十、森林覆蓋率百分之十八點六二，根本沒有抵抗乾旱天氣的能力。進入新世紀頭三年，天大旱，基本沒有有效降水，烏審旗的許多草場沒有返青，夏天看上去也是滿目黃色，這些草木就跟冬眠一

樣。

豐富的地下礦藏和脆弱的生態，形成了烏審旗的獨特旗情。經過幾年的發展實踐，人們慢慢摸索生態建設與工業化、城市化的關係，到二〇〇四年，旗委正式確定了「以人為本，建設綠色烏審」的總體發展理念。

任何事情都有兩面。二十多年前烏審牧人的騎馬一攔，放慢了烏審旗工業化進程的腳步，但它也讓烏審旗避過了九〇年代發展耗能高、污染大的小煤礦、小鋼鐵廠、小化肥廠等帶來的生態災難。當二〇〇三年烏審旗開始加速工業化進程時，一起步就站在了高起點上，他們立足於發展循環工業，綠色工業，從一開始就堅決把高耗能高污染的項目拒之門外。

多年來，烏審旗的工業化進程，始終依託於「以人為本，建設綠色烏審」這個發展理念，把「生態立旗」當作第一要務。多年堅持下來，工業發展了，生態恢復了，人民生活富裕了。我下面摘錄一組統計數字，從這些數字的八年對比變化上，我們可以感受到烏審旗現代化的進程：

從經濟總量上講，地區生產總值二〇〇三年的 14.6 億元，到二〇一〇年已經發展到 190 億元，八年間增長了 21 倍。財政收入，二〇〇三年是 1.03 億元，2010 年為達到 23 億元、增長了 21 倍。城鎮居民人均可支配收入，二〇〇三年是 6453 元，二〇一〇年為 21116 元，增長了 3.3 倍。二〇〇三年農牧民人均純收入為 3439 元，二〇一〇年為 8754 元，增長了 2.5 倍。植被覆蓋率接近 80%，森林覆蓋率達到 31%。

八年下來，烏審旗已經完成了牧業大旗向工業強旗的華麗轉身。在這個巨變過程中，烏審旗的生態得到徹底的恢復。談到烏審旗的生態治理，談到毛烏素沙漠的巨大變化，我接觸過的烏審人都壓抑不住內心的激動，言談之中無不透著難以抑制的自豪和驕傲。

但我覺得冥冥之中，還有飄逸在薩拉烏蘇河谷上空那些中華民族祖先們的魂靈，在福佑著這塊神奇而又美麗富饒的地方。薩拉烏蘇文化和烏審草原延續千年的綠色文明就像水和空氣一樣，浸潤滋養著十萬烏審兒女。所以這塊土地，才湧現出了那麼多可歌可泣的綠色人物，那麼多象抒情詩一樣優美的綠色故事。

二、我不是烏審旗人是甚人？河套人？

西元五世紀，中國歷史上進入了北方民族大遷徙和大融合的魏晉南北朝時期。鐵弗匈奴的後裔赫連勃勃將軍自稱秦王大單于，並於西元四〇七年建國大夏（史書稱之為赫連夏）。赫連勃勃將大夏國都選在了烏審草原。他曾登高遠眺，盛讚烏審草原。他看中了薩拉烏蘇河谷的好風水，於是役使十萬人歷時數年，在薩拉烏蘇河的南岸建築大夏國的國都統萬城。統萬城規模宏偉，城高十仞，三里方圓，建有皇宮、鼓樓、鐘樓，四角有高大的角樓，城牆上有三十六座敵樓。

鍾愛烏審草原的赫連勃勃僅做了二十餘年皇帝，就在西元四三一年就被鮮卑族建立的北魏滅掉。大夏國現在僅剩下一片廢墟，被當地人稱為「白城子」。

上世紀九〇年代中期，我陪一批作家朋友去那裡參觀過。那用熟土堆起的白牆，歷經一千五百多年仍巍峨不倒。而登高遠眺，南北東西再也不見了赫連勃勃稱讚的綺麗風光，大漠茫茫，如死海一般。

「統萬城」遺址

　　赫連勃勃的讚美告訴我們，一千五百年年前的薩拉烏蘇河是清澈的，烏審草原是廣袤的。而到了唐朝，詩人許棠描述的景色，和我們現在看到的薩拉烏蘇兩岸風光差不多，薩拉烏蘇河谷四周已經是一片茫茫的沙漠。

　　看來，毛烏素沙漠的壽命僅有千餘年。

　　我們從這些文學的紀錄中得知，在西元五到十世紀的五百年間，薩拉烏蘇河谷兩岸的生態發生了惡變，烏審草原漸漸變成了毛烏素沙漠。毛烏素沙漠是典型的人造沙漠。

　　我記得那天，我們正在白城子四周觀看時，忽然起了一陣風，昏黃的風沙立即把白城子籠罩了，我們立即跑上了汽車，沒有了一點思古之幽情。一位作

「統萬城」遺址

家朋友用紙巾擦拭著眼睛眉毛上的塵土，對我說：「看來赫連勃勃的眼光不咋的，咋選了這麼個兔子不拉屎的地方做皇帝，不短命才怪哩！」我想告訴他的是，眼前這條灌滿風沙的薩拉烏蘇河谷，正是中華民族的聖地，中國人的祖先就是從這條河谷中走出的。

二〇一〇的年夏天，我幾乎是懷著朝聖的心情，乘車向薩拉烏蘇大峽谷馳去，當地人稱其為「大溝灣」。這條大峽谷延綿上千里，有專家稱這條穿越毛烏素沙漠的大峽谷為亞洲最大的沙漠大峽谷。

這條大峽谷不知是被無定河水用了幾千幾萬年才淘刷衝開的，它一眼望不

到邊，深幽幽的沒有個頭尾。我們乘坐的汽車在山道上盤繞了好久，才開進了半山腰中的一片開闊處停了下來。司機告訴我們，車只能開在這兒了，要下谷底得走下山道。我決定順著石階走下去。

走著走著，視野猛地一下子開闊了，谷底的田陌漸漸地越來越清楚了，兩岸的窰洞前也有人影在晃動，遠處有狗的叫聲此起彼伏。與我同行的旗綠化委主任邵飛舟先生告訴我，大溝灣裡一直住著人家，這些人種點地，養養魚，日子過得挺悠然的。果然見到溝底有一塊一塊的池塘，晶亮亮的就像一塊塊綠色的寶石，在黑幽幽的谷底閃閃發光。

下到溝底，我抬頭往上看了看，半山緩坡上一間窰洞前還停著一輛農用小四輪，有電線杆子和電視天線豎在一眼眼窰洞旁。溝裡有些田塊，有零星的人在田裡勞作。邵飛舟告訴我，旗裡要在這裡建立保護區，一直想把這些人遷移

二十世紀九〇年代「統萬城」遠眺

泛著青色霧靄的遠方啊，那是牧人的夢想｜03章　105

薩拉烏蘇沙漠大峽谷

「統萬城」風光

出去，但有些人捨不得離開。

　　我向一塊綠色的池塘走去。池塘邊有人靜靜地釣魚。一條小河順著一條溝渠緩緩流入池塘，一尾尾火柴棍大的小魚奮力地在清澈的水流中頂水逆行著。池塘出水口插著一張鐵篩子，大概是怕養的魚兒跑出。這條細細的小河彎曲著將這塊塊水塘串聯起來，我看得出這是利用活水養魚，不由地佩服養魚人的匠心。

邵飛舟說，這原先都是一塊塊稻田，薩拉烏蘇過去產的好大米。現在人們不咋種稻米了，一是嫌不掙錢，二是原來種田的人年紀漸大種不動了，而年輕人都跑進旗裡打工去了。有些人家就索性就把這塊塊稻田改成了魚塘。

我問塘邊釣魚的人：「這魚好釣嗎？」釣魚的人說：「還行。我釣三天了，釣過條一斤多的，還有條一隻眼的魚，被我釣住過兩次，我看它挺可憐的，就把它放了。」這人有三十多歲，長得清清秀秀的。他說他姓劉，是寧夏鹽池的，現在烏審旗嘎魯圖鎮做電子生意。做生意做麻煩了，就來這釣幾天魚，鬆閒鬆閒。

他問我來這兒幹啥，我說我來看看薩拉烏蘇文化遺址。他問就是河套人呆的地方？我說差不多吧。他說：「有一次有兩個來這旅遊的女孩子問我，河套人在哪？我們咋見不著呢？」他說著笑開了。

魚塘的主人不在家，替他照應生意的一個中年男人很健談，自我介紹姓王。邵飛舟說：「肖老師是作家，來咱這地方，就是看看風景，找人啦呱啦呱。」老王說：「咱這大溝灣淨來有學問的人，還有外國的專家。東瞅瞅，西看看，在溝裡辛苦得很。」

我問老王是啥地方的人，他說了個地方，邵飛舟告訴我，他說的是紅墩界，屬陝西靖邊的一個鄉。別看跨著兩省，可就跟薩拉烏蘇打交界，近得很。烏審旗地處內蒙古自治區的最南端，與陝北和寧東打交界，生活習俗、方言都攪在一起。當地蒙古人講的漢話，都帶著濃郁的陝西榆林腔。

我問老王：「你咋覺得自己就是烏審旗人呢？」老王笑道：「你說我們全家都在烏審旗掙錢，我不是烏審旗人是甚人？河套人？」老王的幽默引得我們開懷大笑。老王又道：「這溝裡的人，都和紅墩界、白城子的人套著親。你說我那老先人當年走西口時，咋就不多走幾里？要不咱也不就是綠色烏審人

了？」

我驚奇地問：「你也知道綠色烏審？」

他說：「咋不知道？紅墩界的人誰不知道？」

我問老王：「這溝裡一直這麼美？」

老王說：「十大幾年前，這地方也不咋的。不說別的，光頭頂上的大沙子，動不動就往溝裡爬。你看現在，這沙子說沒就真沒了，水也清了，草也綠了，花也紅了，瞅著心眼就舒暢……」

老王盛讚著他客居的大溝灣。我們起身離開，老王遺憾地說：「你們真不釣魚了？咱這釣魚比上巴圖灣水庫那兒便宜哩！」

我們告別了老王，沿原路往溝上攀去，我不時回過看著綠草茵茵、流水潺潺的薩拉烏蘇河谷，這塊曾經孕育了中華民族祖先的福地、聖地，我衷心地祝願它永遠的水秀山青，永遠給人們帶來恩澤和祥瑞。

三、毛烏素沙漠上蒙古源流長

西元一二二七年的初秋，毛烏素沙漠和烏審草原已經呈現秋天的肅殺。這時，從西面過來了一支黑壓壓的大軍。這是剛剛蕩平西夏的成吉思汗大軍，但絲毫沒有勝利的歡樂，因為他們的聖主成吉思汗的英靈已經歸到了長生天的懷抱。戰騎車馬如無聲的洪流在鄂爾多斯高原上行進著。

成吉思汗，這位世界巨人，終於結束了幾十年的征戰，靜靜地歇息了。在

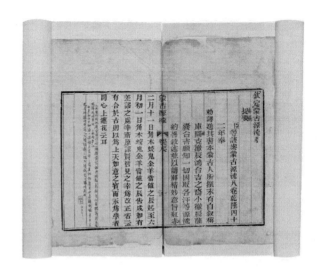

《蒙古源流》書影

後人對成吉思汗的歷史評價中，英國學者萊穆在《全人類帝王成吉思汗》一書中有一段話讓我格外動心。他說：「成吉思汗是比歐洲歷史舞台上所有的優秀人物更大規模的征服者。他不是通常尺度能夠衡量的人物。他所統率的軍隊的足跡不能以里數來計量，實際上只能以經緯度來衡量。」

載著成吉思汗靈柩的戰車走著走著，陷在了甘德爾山上，而且車輪越陷越深。護送聖主的親兵發現，這裡正是聖主失掉手中馬鞭的地方。成吉思汗率兵西征時，被鄂爾多斯的美麗風光吸引，對隨從道：「我魂歸長生天之後，這裡就是本汗的千年安睡之地。」於是，成吉思汗被安葬在甘德爾山上。從他能征善戰忠心耿耿的親兵中精選了五百壯士，世代侍奉成吉思汗，為成吉思汗守陵，這就是蒙古民族中的一個特殊群體達爾扈特人。元朝正式建立後，忽必烈欽定了達爾扈特的體制。

從此，達爾扈特人遵奉蒙古族古老的祭祀禮制，祭奠著這個偉大的魂靈；成吉思汗陵包中的祭詠聲八百年不斷，成吉思汗靈包前的聖燈八百年長燃。據

傳，蒙古帝國的戰旗九游白纛，就被烏審旗的蒙古人長年祭奠著。九游白纛是成吉思汗建立大蒙古國的國旗，蒙古人在和平時期、慶祝勝利時刻都立「九游白纛」，將其視為民族和國家興旺的象徵。

在採訪中，我發現烏審旗蒙古民族中的哈日嘎坦人，三百多年來也在供奉、祭祀著一個偉大的人物。這個人的名字叫薩岡徹辰，是成吉思汗的第二十二代嫡孫，是蒙古史詩《蒙古源流》的作者。他是蒙古族偉大的文學家、史學家。據哈日嘎坦人、薩岡徹辰紀念館的創建者拉格勝布林先生介紹，哈日嘎坦人曾是薩岡徹辰的庶民，也是忠實的守護勇士。薩岡徹辰去世後他們一直為其守護陵地，並祭奠他的英靈。

一六〇四年，薩岡徹辰出生在薩拉烏蘇河畔。薩岡徹辰從小就騎馬縱馳在烏審草原上。他天資聰穎，勤奮好學，十六歲就參與政事。接近不惑之年時，薩岡徹辰離開政壇，回到了薩拉烏蘇河畔。他把注意力轉到了研究自己民族的歷史方面。在研究他的創作歷程時，日本蒙古史學者小林高四郎先生認為：這位成吉思汗的後裔是有感於大清王朝的興起和蒙古帝國的隕落，進行歷史沉思而寫出此書的。

薩岡徹辰在氈包中筆耕不輟，整整用去了二十年時間，寫成了巨著《蒙古源流》。為了寫作《蒙古源流》，精通蒙藏漢文的薩岡徹辰翻閱了大量的文獻資料，研讀了佛教經典著作。他還走遍烏審旗草原，進入牧人的氈包，蒐集了大量的民間傳說和神話故事。

《蒙古源流》成書於一六六二年，那時，薩岡徹辰已經是一位年屆花甲的老人。《蒙古源流》的內容極其豐富，從開天闢地一直講到自己生活的年代，提供了元末至清初蒙古大汗的完整系譜，記錄了藏傳佛教在蒙古地區傳播的歷史；反映了北元時代蒙古社會部落變遷、經濟狀況、階級關係、思想意識等諸多方面的歷史面貌。

薩岡徹辰不僅為蒙古民族留下了一筆寶貴的精神財富，他的《蒙古源流》也成為中華民族文明史上的重要篇章。

薩岡徹辰去世後，他的陵墓就設在烏審旗的伊克布當的綠草黃沙間。哈日嘎坦部蒙古人一直守護和祭祀薩岡徹辰的英靈。他的墳墓四周禁獵、禁耕，一年有五次祭祀，每年的農曆五月十三是大祭，屆時，烏審旗王爺都要去祭拜。

一九〇一年，清王朝為了籌劃庚子賠款，決定放墾鄂爾多斯沿黃黑界地。薩岡徹辰的安息地也劃在了放墾的範圍之內。哈日嘎坦蒙古人只得把薩岡徹辰的祭祀神像帶走，悲憤地離開了世代生活的伊克布當，整體遷移至烏審旗北部的梅林廟地區。伊克布當的草灘漸漸成了農區，後來清政府索性將其劃到了陝西地界。但忠誠的哈日嘎坦蒙古人恪守著對薩岡徹辰的祭祀制度，每年農曆五月十三日大祭時，都從幾百里外趕來，供起薩岡徹辰的畫像。日子久了，哈日嘎坦蒙古人將其稱之為薩岡徹辰的陝西陵地。

據拉格勝布林先生介紹，一九〇一年後，每年的春季大祭，除了離開故土的蒙古人回來祭祀外，當地的漢族人也參加祭祀。三百多年來哈日嘎坦蒙古人和後來移民過來的漢族人就一直守護著薩岡徹辰的墓地。無管是戰亂，自然災害還是「文化大革命」的動盪，對薩岡徹辰的紀念一直沒有間斷。尤其是最近這些年來，陝西的漢族人對薩岡徹辰的祭祀活動更為隆重。他們按照蒙古人的祭祀禮制，獻茶敬酒，誦祈禱詞，每年都會為祭祀盛會敬獻九隻綿羊。

　　蒙漢人民對薩岡徹辰的祭祀，已經成為毛烏素沙漠一道獨特的人文風景。

　　現在烏審旗在梅林廟地區建立了薩岡徹辰紀念館，供起了薩岡徹辰和他的先祖的畫像，哈日嘎坦蒙古人還蒐集整理了薩岡徹辰的祭祀文獻，編纂成書。在薩岡徹辰誕辰四百週年的時候，烏審旗召開了《蒙古源流》國際學術研討會。專家們對哈日嘎坦蒙古人和薩岡徹辰陝西陵地漢人延續三百多年來對薩岡

蒙古史學、文學著作展示

徹辰的守護和祭祀，表示了極大的敬意。他們認為這種對歷史文化、對文學家、史學家的尊重和崇敬，在國際上亦屬鮮見。

今年春天的一個下午，我懷著崇敬的心情驅車二百多公里，去薩岡徹辰紀念館拜謁這位蒙古族的文學巨匠，這個紀念館就建在毛烏素沙漠腹地的梅林廟嘎查。與我同行的是烏審旗文化中心主任張玉廷，他是一位書法家，也是一位文化學者，還當過十餘年的中學校長。張玉廷介紹，梅林廟嘎查的蒙古人就是一百年前從薩岡徹辰的故鄉整體遷移至梅林廟的。現在梅林廟建起了薩岡徹辰紀念館，這些哈日嘎坦蒙古人在祭祀的日子就可以在梅林廟開展祭祀活動了。我問陝北的薩岡徹辰陵地還在搞祭祀嗎？張玉廷告訴我：搞，而且越搞越大了，旗裡的蒙古人也去參加。到了大祭時，兩面的蒙漢人民都搞祭祀，現在還有了一些文化、經濟交流的活動，一搞好幾天。

我這次梅林廟之行，除了拜謁薩岡徹辰外，還想看一下梅林廟嘎查的大沙漠。我一到圖克鎮，就給鎮上的辦公室主任趙正彥講了自己的意圖。於是趙主任領我去看大明沙。

車順著一條黑色的油路，在綠茵茵的毛烏素沙漠上快速地行馳著。大約走了一個多小時，還是沒有見到大明沙的影子。趙主任探長了脖子四處觀望著，說：「明明去年春上我還來這大明沙上植過樹哩，咋就沒有了？」

車來到了一塊海子邊上，海子藍瓦瓦的。趙主任告訴我，這塊海子叫巴彥淖，過去產鹼，現在產螺旋藻，內蒙古大學的一位教授領著人在這裡開發保健品。巴彥淖水面很開闊，在陽光下閃著粼粼白光，湖邊是雜花怒放的寸草灘，有幾匹紅色的馬在草灘上游轉。歷史上烏審旗產名馬，烏審馬以耐力、速度著稱於世，過去蒙古大軍征戰歐亞時，每個士兵都備兩匹烏審馬出征。現在烏審馬也像明沙丘一樣難以尋覓。

當年的沙漠已變成草木森森的牧場

　　趙主任打了幾個電話，找什麼人問尋著大明沙。最後，他告訴我，人家說大明沙肯定有，是在巴彥淖的東邊。我想想說：「那片明沙我知道，去年我就去看過了。變化也是老大了，三十年前，我就在那一帶上的道班工作過。」趙主任驚奇地說：「真的？那咱們就不去看了，太繞得慌。我回去問問在圖克待的時間久的老人，讓他們就近給你指塊大明沙。」

　　第二天，趙主任真給我找了個老人，是過去鎮裡的人大主任斯仁道爾吉。

斯仁道爾吉告訴我，要想看成片的大明沙還得去梅林廟嘎查。

趙主任給我聯繫上了梅林廟嘎查的黨支部書記奧騰巴彥，奧騰巴彥現在搬到圖克鎮上的移民小區了，正好在家。於是我們去找奧騰巴彥。圖克鎮這個移民小區建設得很是現代，社區配套設施齊全，已經住上了一五○多戶人家。在漂亮的小區院裡還豎著一些蘇力德。這些蘇力德大概是游牧文明留在這裡的最後紀念了，是在告訴人們，這個小區裡的居民曾經是草原上的牧人。

我們在一幢樓裡見到了奧騰巴彥。這是個中等個子的哈日嘎坦蒙古人，看上去有五十多歲的樣子。奧騰巴彥告訴我鎮上給每個移民戶免費提供一套八十多平方米的住房，都是這樣統一的格局。水、電、暖配套都挺不錯的，用不著風吹日曬了。

我們隨便聊了起來。我問：「那你咋搬到移民小區的樓上來住了？」奧騰巴彥說：「我看草場現在挺好的，荒沙梁也不多了，咱梅林廟的林草從來沒有這樣茂盛過。可上邊說不行，說咱是生態脆弱區，梅林廟嘎查已經被旗裡劃定為退牧還草區，人、畜要堅決地退出來，用於生態的徹底的恢復和改善。你想想，不讓放羊了，都要搬到鎮裡統一蓋的樓上來住了，人哪能想得通？甚說法都有！」

趙主任說：「老奧，人家肖老師是找大明沙來了，看薩岡徹辰紀念館來了⋯⋯」我說：「隨便聊聊。我聽說遷移上樓的牧民有喝醉酒的，從樓上跳下去摔傷的？」奧騰巴彥想想說：「這事我還沒有聽說過。咱實事求是地說，退牧還草的補貼，過生活還是夠的。」

我問：「退牧還草旗裡給的政策補貼有多少？」

奧騰巴彥道：「就說我家吧，五十畝水澆地，每年每畝補三百，國家每年補一點五萬元錢，兩千畝草場補三萬餘元。還給我和老伴上了養老保險，每月

一千元，一年也是兩萬四。光退牧還草政策補貼下來每年就有將近六萬元的收入，這是旱澇保收的。這和我們上樓前，畜牧業上的收入差不多。別的人家也都差不多。」

據我所知，許多牧民不願意上樓，不是擔心上樓以後生活沒有保障。讓這些草原上的牧人們糾結的是，上樓以後，他們真的告別了草原，告別了千百年來日出而作，日落而息的自由自在的自然生活。

奧騰巴彥對我道：「你說的現象也有，但也不全都是這樣。家中像我們這樣的，老倆年紀大了做不動了，還是願意上樓過光景。從此不再用撿羊糞蛋子燒火熬茶了，不再過風吹日曬的日子了。嘎查的青年人早就跑進城裡打工了，他們不願意在家裡待著，掙上錢掙不上錢的都得往外面跑。肖老師，我給你實話實說吧，草原已經留不住青年人的心了！」

我問趙主任：「咱鎮上給上樓的移民提供就業的崗位怎麼樣？如果有了就業崗位，在家門口就能掙上錢，不就把青年人留下了？」

趙主任還未答話，奧騰巴彥搖頭道：「咱們這麼想得挺好，可年輕人不是這麼想的。咱這地方，不比大城市掙錢少啊，可它就是留不住年輕人，你說有啥法子？」

趙主任也講：「的確是這個樣子。實際上，我們已經搞了一期二千畝設施農業園、物流園區、生態建設示範園，鎮區也能提供一些公益性崗位，像環衛保潔、治安聯防等，企業也給提供了一些輔助性崗位。可現在遇到的問題是，別說年輕人，就連四五十歲的人去就業的也不太多……」

「這是為什麼？是不是工資不高？」

「主要是不太習慣，當牧民放羊自己做自己的主，現在給人家打工，人家做你的主。」奧騰巴彥搖著頭說：「咱牧民過去過的是有累沒苦的日子，悠打

著就把過日子的錢掙了。現在住上樓了，你要想有錢掙，就悠打不成了……」

悠打，我佩服奧騰巴彥用詞的準確。一個悠打，就好像有人騎馬在我的面前晃動了起來。

我想起了烏審旗人民政府旗長牧人先生講過的一句話：「城鎮化不僅是換一個地方居住，更是換一種方式發展，要同時考慮『人往哪裡去，錢從哪裡來』，如何安居樂業？烏審旗土地遼闊，地勢平坦，空氣清新，綠地豐富，為實現『草原上的城鎮、城鎮中有草原』的新型城鎮目標奠定了基礎。但真正實現城鎮化，首先是要轉變人們的生活、生產方式，而不是簡單地把人移到樓上去。」

奧騰巴彥嘆著氣講：「我是弄不明白了，放著日工一百五的錢不掙，人們這是咋了？」

奧騰說得不錯，日工一五〇元，走到哪兒也應當算是好工資了，可烏審旗的牧民就是看不上。除了有悠打的因素之外，這主要還是因為他們每家每戶都有幾千畝的草場。這些年來，他們中的許多人，大都是雇陝西人放羊、種地，而他們當中的許多人早已經搬進市裡、旗裡。烏審旗的牧民，這是一些既享受著城市文明又享受著草原文明的快活群體。退牧還草、還林，是對他們長遠利益的維護，但也是對他們眼前利益的觸動。

趙主任說：「你得告訴牧民們，政策只會越變越好。現在住在風颳不進、雨淋不著的單元房裡，每年你就甚也不用幹，光退耕還草這一項就有五六萬的進項，往哪找這好政策去？」

奧騰巴彥說：「不管咋說，也是故土難離啊！我是嘎查的支部書記，我得帶頭上樓。現在全嘎查有一五二戶住進了樓房，守著梅林廟草場的沒有幾戶人家了。現在主要是把樓房的管理跟上去，引導上樓的牧民參加就業。我還是想

沙地柏風光無限

不明白，日工一五〇元，咋還沒有人做呢？」

趙主任道：「老奧，你在路上再想吧！咱們還是快點去看梅林廟的大明沙吧！」

奧騰巴彥開上自己的車在前面帶路，我們的車跟在他的後面，馳出了圖克鎮，向梅林廟嘎查馳去。漸漸地草地兩面的沙丘越來越高，越來越大了，但都覆蓋著茵茵綠色。尤其是大片大片的沙地柏，綠油油，黑壓壓的，一望無邊。

真的是壯觀，好看，耐看。

奧騰巴彥的車停在了一片覆蓋著沙地柏的沙漠前，我們也停車，走了下來。我告訴他，我想看看沒有綠化的大明沙。奧騰巴彥奇怪地看著我說：「看沒有綠化的大明沙？這還真不好找。你看哪光禿禿做甚？還是這綠油油的好看。」我剛想解釋幾句，奧騰巴彥像是發現了什麼，急匆匆地往遠處的沙地柏叢中跑去。他一會走回來，生氣地說：「又有人偷剪枝子了。這些賊忽拉，是該好好懲治幾個！」

原來奧騰巴彥參與了沙地柏的管護工作。他告訴我，梅林廟嘎查是旗裡野生沙地柏重點保護區域，嘎查的牧民們都自動配合旗裡的執法部門，主動保護參與沙地柏的保護和管理。

我問奧騰巴彥：「這沙地柏經濟價值高嗎？」

奧騰巴彥說：「沙地柏枝子貴得很，要是倒到旗外去賣，十幾元錢一株哩！咱這大沙漠現在是金山銀山哩！常有人開著車來盜竊，咱這沙地柏又多，地面也大，總有盜剪的事情發生，咋也制止不住。旗裡的法律硬得很哩，逮住了輕則罰款，重則判刑。前些日子旗裡一個執法部門的司機偷剪沙地柏枝條盜賣，被判了刑……不這樣狠剎，咱這裡就會被人連根挖光，挖禿。」

我問牲畜吃沙地柏嗎？奧騰巴彥告訴我，沙地柏不能當牲畜的飼草，過去人們做香時，用它當過原料。它在牧人的心中非常神聖，祭長生天時，祭敖包時，人們用沙地柏枝條沾上奶子向天拋酒，以表達對蒼天神靈的敬意。

沙地柏是產於烏審旗的獨特灌木，樹形美觀、香味驅蟲蠅且四季常青、耐旱節水。而且它是多年生植物，今年栽上一株，明年就是一片，不用刻意管護，所以成為國內外城市綠化的新寵和首選，花木市場需求量非常大。我曾在東京、北京、上海等國際化大都市裡見到過許多鬱鬱蒼蒼的沙地柏。沙地柏經

濟價值高，因此也成了偷盜分子盜竊的對象。為了保護毛烏素沙漠的生態，烏審旗出台了專門保護沙地柏的措施，加強了對沙地柏的管護。

我望著毛烏素沙漠上一眼望不到頭的黑壓壓的沙地柏林，心想，毛烏素沙漠確實是一座金山，金山。

我們上了車，車快速行進在披著綠裝的沙漠上，不一會眼前出現了一片寬闊的草場，草場上橫亙著的一塊塊的沙漠，也都是綠油油的。極目望去，是一片無垠的綠色。

綠色的草地上屹立著一幢古色古香的建築，張玉廷告訴我，前面就是薩岡徹辰紀念館了。這幢建築非常樸素，就是幾間平房並排立在草原上。奧騰巴彥介紹道，這裡原來是梅林廟的舊址，現在建起了薩岡徹辰紀念館。紀念館大門緊鎖，四周也是靜悄悄的。奧騰巴彥解釋：「今天不是祭祀的日子，要是到了祭祀的時候，人們就從四面八方來了，有時還有外國人。」

我徜徉在薩岡徹辰紀念館的四周，見門前有幾株古柏透著森森涼意。我知道薩岡徹辰紀念館內珍藏著一幅畫有薩岡徹辰的畫像，一直被哈日嘎坦蒙古人視為神靈。每年祭祀的時候，哈日嘎坦蒙古人就會衝其焚香敬酒，頂禮膜拜。作家成神，這恐怕是世界的唯一。這種虔誠寄託著對自己民族歷史的尊崇，對自己民族文化和未來的無限期許。

奧騰巴彥說：「自從建起了這個紀念館，我們就可以在自己的家門口祭拜薩岡徹辰了。要不年年得去陝北陵地，往返五六百里呢！」

我四下打量著。不遠處還有一些起伏的細小沙丘，黃橙橙的，顯得很是潔淨，在一片綠色中顯得格外搶眼。奧騰巴彥對我們道：「我家就離這裡不遠，要不咱們去我家喝杯茶去？」

我們驅車走了大約十幾分鐘，來到了奧騰巴彥家。他的家隱在一片小樹林

裡，顯得十分清幽。屋內收拾得非常潔淨，透過大窗子就能看到無盡的草地、樹木、白雲、藍天。炕桌上已經擺放了一些待客的奶食、炒米，奧騰巴彥的老伴烏努古笑眯眯地招呼我們，為我們斟好了茶，便退到炕邊默默地看著我們。奧騰巴顏告訴我們，他家還有二十幾隻羊沒有處理掉，烏努古舍不下她的羊，草一返青就又回到了自己的牧場。咳，高樓拴不住牧人的心呀！

我問烏努古，一個人待在草原上不孤單嗎？她說，她在照料她的羊，不孤單。我繼續問她，住在鎮上小區的樓房內好還是住在這裡好？她說在這裡呆慣了，草場上有做不完的事情，她聽不見羊的叫聲，心裡就發慌。

我問烏努古孩子們的情況。烏努古說她的三個孩子都在城裡打工呢！逢年過節，薩岡徹辰大祭時才會回到家裡。我問她孩子們在城裡呆得怎麼樣？烏努古答不出來，奧騰巴彥告訴我，他的二小子在旗裡辦了個裝飾公司，生意還算紅火。大小子和三小子，每年的收入雖比不上老二，但也過得去。烏努古說：這羊眼瞅著就沒有人放了。

我知道，每隻羊兒都是一台小型挖草機，一隻羊需要幾十畝草場才能正常生長。傳統的粗放的畜牧業生產方式，成為草原荒漠化的重要推手。人們已經認識到，不轉變傳統的農牧業生產方式，生態永遠不可能得以恢復。從上世紀末開始，烏審旗開展了禁牧。一萬餘平方公里的烏審大地生態得以恢復，禁牧輪牧起到了關鍵性作用。現在人們說起禁牧的百般好處來，唯一的遺憾是似乎圈養的羊肉質不如跑灘的羊味道吃起來香。

我所知道的是，目前，烏審旗全境的草場都被認定為有機草場，烏審旗全境的農牧副產品，包括牛、羊、水產品、糧食，水果、菜、都被農業部綠色食品管理委員會正式認定為有機產品。這就是說烏審旗已經有了自己的綠色品牌，已經實現了由生態價值向經濟價值的轉變。

四、人家看沙梁是黃的白的，可我咋看都是紅紅的……

西元一九二九年二月十一日，中國的農曆正月初二。

入夜，辛苦了一天的席尼喇嘛，開始上炕休息。當時，他率領內蒙古革命軍第十二團正駐防在烏審旗烏蘭陶勒蓋的文貢沙漠，他住在一個牧戶的家裡。

這位六十四歲的老人很快進入了夢鄉。睡夢中的席尼喇嘛不會想到，一個針對他、針對烏審旗國民革命的罪惡陰謀，正在像夜色一樣準備吞噬他。幾聲罪惡的槍聲過後，烏審草原的優秀兒子、共產主義在內蒙古大地的早期傳播者、「獨貴龍」運動的發起者和卓越組織者、內蒙古人民革命軍第十二團團長席尼喇嘛被叛徒暗殺。

席尼喇嘛是烏審草原上的紅色傳奇。他原名烏力吉傑日嘎拉，一八六六年出生在一個奴隸的家庭，後來成為烏審旗王府的文書。

一九〇〇年庚子之亂，慈禧太后躲難至西安，烏審旗的王爺賣了部分草場，換了三千兩銀子，派烏力吉赴西安辦差。烏力吉到西安一打聽，才知慈禧太后已經回京。於是，他趕到了北京，通過關係，給朝廷送上了王爺賣地的銀子。在北京，他知道了戊戌六君子、義和團運動、火燒圓明園、庚子賠款等。這年烏力吉已經三十八歲，在王府當差已經二十多年，他知道王府裡的王爺、福晉就像北京的大清朝一樣，也將像草原上風乾的馬糞，只要有大風一吹就會被忽撒在無邊無垠的毛烏素沙漠裡。

烏力吉回到烏審草原。王爺和福晉忙著賣地，牧民們流離失所，被迫遷移。許多有識之士和牧民祕密結社，被王府殘酷鎮壓的「獨貴龍」又在烏審草

原上悄然興起。

「獨貴龍」運動起源於一百多年前，起因也是反對王府的大量賣地、放墾破壞草場以及王爺和官吏們的荒淫無恥。「獨貴龍」是圓圈議事，簽署各種抗議和請願也是圓圈簽名，讓王爺和官府找不出組織者。這是烏審牧民一種智慧的鬥爭形式。由於官府的分化瓦解和殘酷鎮壓，「獨貴龍」運動一次次失敗了，但它留下的反抗火種卻散佈在烏審草原上。

烏力吉作出了自己的選擇。他以搬家的理由向王爺告假，將家搬到了嘎魯圖。從此，嘎魯圖

席尼喇嘛

成為「獨貴龍」活動的中心。他剃髮披上了紫紅色的喇嘛袍袍，並稱自己是席尼（新）喇嘛。席尼喇嘛的名聲傳遍鄂爾多斯高原，他很快成了「獨貴龍」運動的領袖，民國元年被全旗十一個「獨貴龍」組織推舉為「公眾會」主席。席尼喇嘛還與七十餘名志同道合者結為兄弟，這就是鄂爾多斯歷史上著名的「七十安達獨貴龍」。

一九二〇年夏天，伊克昭盟盟長派兵包圍了嘎魯圖廟，要求席尼喇嘛及「七十安達獨貴龍」歸案。席尼喇嘛為瞭解救百姓的困苦，主動到案。盟府準備把席尼喇嘛到一家一家的牧戶裡示眾後，再加以殺害。烏審人民從官兵手中搶出了席尼喇嘛，並將他連夜送過黃河。

　　一九二一年夏天，席尼喇嘛來到北京，與另一支獨貴龍運動的領導人、蒙古民族早期的民主主義啟蒙者旺丹尼瑪匯合，共商「獨貴龍」運動的大事。在此期間，他們接受了新民主主義和共產主義的薰陶，並結識了李大釗及第三國際的聯絡員雷卡嘎爾夫等共產主義者。席尼喇嘛萌發了在內蒙古草原建立新生活的思想。

　　一九二四年八月，席尼喇嘛又潛回毛烏素沙漠，挑選了十六名獨貴龍骨幹，踏上了奔赴蒙古人民共和國學習參觀的艱難行程。經過幾個月穿越沙漠戈壁之旅，他們終於在冬天時來到了蒙古人民共和國的首都烏蘭巴托，受到了蒙古人民革命黨領袖喬巴山的熱情接待。席尼喇嘛如飢似渴地學習社會主義理論和共產主義思想，並且加入了蒙古人民革命黨。

一九二五年席尼喇嘛回國，參與了內蒙古人民革命黨的組建工作，在張家口召開的第一次內蒙古人民革命黨代表大會上，他當選為黨中央執行委員。席尼喇嘛回到毛烏素沙漠，短短一年的時間，發展七百餘人加入內蒙古人民革命黨。在他的積極倡導下，內蒙古人民革命軍成立了。

一九二六年九月，席尼喇嘛率領內蒙古人民革命黨中央和革命軍來到了烏審召，召開了有牧民群眾、封建王公參加的三方會議。在會上席尼喇嘛宣佈，推翻烏審旗封建王公政權，全旗重大事務由「旗黨委」、「革命軍」、「旗衙門」三方共同協商決定。解散王府衛隊，成立烏審旗保安隊，後改為內蒙古人民革命軍十二團，席尼喇嘛親自擔任團長。

三方會議後，烏審旗王爺勾結陝北軍閥井岳秀，糾集反動武裝上千人圍剿剛剛誕生的革命民主政權。席尼喇嘛率軍迎戰，粉碎了敵人的進攻。烏審王爺

席尼喇嘛使用過的生活物品

逃至陝北榆林。烏審旗革命民主政權漸漸鞏固，並開始滲透到牧民的生活中來。牧人再遇到不平事情，開口就說找「旗委」，找「公會」。

「旗委」和「公會」為了保護牧場，還規定了植樹計劃，開始用新思維保護牧場和草原。

一九二七年蔣介石在上海發動「四‧一二」政變，大批共產黨人遭到屠殺。內蒙古人民革命黨中央的主要領導白雲梯投降了蔣介石，革命軍總司令旺丹尼瑪等慘遭殺害。席尼喇嘛隻身率十二團作戰，將井岳秀率領的國民黨軍隊趕出了烏審旗全境。井岳秀和烏審王爺改變了策略，收買十二團內部的動搖分子，伺機從席尼喇嘛背後射冷槍。

席尼喇嘛被殺害後，烏審旗又恢復了封建王公統治，但席尼喇嘛留下的革命火種在毛烏素沙漠閃耀了幾十年。席尼喇嘛的十二團骨幹，當年的「獨貴龍七十安達」中的許多人，後來成為了堅定的共產黨人。新中國成立以後，他們中的許多人成為內蒙古和鄂爾多斯各級黨政領導，為內蒙古的建設立下了新功。

二〇一一年的夏天，我在毛烏素沙漠追尋著席尼喇嘛的足跡。我在烏審草原上見過他的侄孫女。在陶利灘一個牧人的家中，我曾聽酒酣的牧人們放聲唱著這樣一首歌：

我們跨上追風快馬，
奔馳在家鄉的草原上。
我們大家精神抖擻，
滿懷信心奔向前方。

我們是席尼喇嘛的好弟兄，

心明眼亮意志剛強。

讓敵人聞風喪膽，

勝利的旗幟高高飄揚。

高高的白沙梁，

聳立在遙遠的天邊。

我們是烏力吉傑日嘎拉的戰士，

人民群眾永遠讚揚……

席尼喇嘛使用過的生活物品

席尼喇嘛和他的十二團戰士是永遠不朽的。上個世紀六〇年代，曾使鄂爾多斯名揚全國的電影《鄂爾多斯風暴》，就是以席尼喇嘛為原形進行創作的。當年「獨貴龍」活動的舊址已經被國家定為重點文物保護單位。為了紀念席尼喇嘛，烏審旗在嘎魯圖鎮修建了寬大的獨貴龍廣場，並為他修建了極具民族特色的紀念碑。

今年夏天的一個清晨，我在嘎魯圖鎮的獨貴龍廣場散步時，看到了一對拍婚紗照的年輕人。我問他們來自何方，他們告訴我，他們出生於烏審召鎮，前些年去了深圳，在深圳經營著一個充滿蒙古元素的毛烏素酒吧。當他們天作地合之際，忽然想起了幼時的偶像席尼喇嘛，於是，他們千里迢迢回到了故鄉，在席尼喇嘛面前發下海誓山盟。

我在薩拉烏蘇旅遊區採訪寫作時，聽到有一位建國前參加革命的老黨員、老戰士，仍然住在薩拉烏蘇河谷南岸的大沙漠裡，這下引起了我的興趣。於是，我在薩拉烏蘇旅遊區管委會的朋友熱心引領下，驅車前往。

我們的汽車穿行在薩拉烏蘇河谷南岸，眼前是大片大片的樟子松育苗基地和大塊大塊的良田。我看到廣闊的田野上，有許多現代化噴灌機在噴水作業著，濺起的水霧在陽光下閃出一道道彩虹，一時，毛烏素沙漠的上空水霧濛濛。讓我感到驚奇的是，有時一大塊地上，能見到七八台噴灌機在同時作業，蔚為壯觀。這樣的噴灌機是美國威猛特公司生產的，是當前世界上最先進的噴灌機械，過去只有在發達國家的土地上才能見到這樣的機械化作業，而現在，它們在烏審大地的毛烏素沙漠裡已經是司空見慣。這說明，烏審旗農牧業生產的機械化程度，已經接近了國際前沿水準。

能夠如此使用威猛特噴灌機，這在小家小戶的土地承包中幾乎是不可能的。燕飛泉告訴我，這樣成片的土地是實行了土地整合。只有集約化、規模化生產，一些先進的機械才能派上用場。變化的毛烏素沙漠給了我萬千思緒。

我們的車慢慢停在了一個農家小院前。燕飛泉告訴我，這就是那位老黨員的家。

　　我們走了進去，屋內除了一盤大炕，一個衣櫃外，簡陋得幾乎什麼都沒有。這跟三十多年前我熟悉的毛烏素沙漠農家沒有太大的變化。我暗嘆這裡是被人忘記的角落。灰暗的土炕裡面，盤腿坐著兩位老人，這就是老黨員鄭三有和他的妻子。

　　老人眯上了雙眼，回憶著當年。燕飛泉說：「鄭叔，瞅你這身子骨多硬朗，咋和大嬸還不再活它個三、二十年的？」鄭三有的妻子說：「那不活成一

無定河畔風光

對老妖精了！」我們都笑了起來。

鄭三有告訴我，他過去一直在巴圖灣生產大隊當支書，幹了二十多年。過去老兩口就在巴圖灣住著，前幾年腿腳不方便了，才讓二小子接了過來養老。原來，這裡並不是他們的家。鄭三有的兒子四十出頭，憨憨的樣子。我問他每年收入有多少，他說四五萬吧。

燕飛泉問老人何時入黨的？鄭三有老人一板一眼、一字一句地說：「我是一九四七年八月二十三日上午八點向黨旗宣誓的。我二哥叫鄭三富，是八路軍騎兵大隊的戰士，一九四三年的夏天在查干呼代戰鬥中犧牲了。那一仗損失大了，一下子犧牲了幾十名戰士。我媽聽說後，一下子就給急死了，她是放心不下我二哥，才跟著我二哥走了；那天是八月十六，清晨下了點雨……」老人陷入了悲愴的回憶之中。

「這沙灘上都浸著戰士的血，我二哥身上的血都流盡了，那年他剛剛二十三歲。這好世道是咋來的？咱當支書得吃苦多幹，千萬不能白吃白占，貪污腐敗。人家看沙梁是黃的白的，可我看著咋都是紅紅的……」老人的話讓我震撼。

我問老人：「當年這裡的大沙梁多嗎？」鄭三有老人道：「多！當時出門就是大沙梁，跟上隊伍在沙梁上轉來轉去的，咱沒少跟敵人在沙梁梁上藏貓貓。後來解放了，說是要治理沙梁梁，再也用不著繞在裡面打游擊了。那時，我在農業社當支書，領著社員沒白沒晚地幹。那時提出的口號是沙地變林田，旱地變水田，荒地變良田，山溝變成花果園。」

鄭三有老伴說：「那時他跑著哩，蹦著哩，像胡燕一樣飛著哩！鞋一年得跑爛幾雙，就這樣勤換還是露著腳拇指頭跑……」

老人的話讓我笑了，就他們那簡短的幾句話中，我能觸摸到一個時代。

鄭三有老人說：「一九五八年時提出河水讓路，高山低頭，那時有張畫，馬都飛起來了，還嫌慢，還用馬鞭子抽屁股。緊跑慢跑你還趕不上趟，咱社是窮沙窩子，咋幹都還是一片荒沙梁。那時不光幹，還得提口號。」

我總覺得一九五八年是中國全民的浪漫主義，人們生活在對社會主義的美好想像之中。在我幼時的記憶中，有一幅畫印象頗深，是一個背鎬頭的農民伯伯提拎著躲在山後睡懶覺太陽公公的耳朵，畫上面寫道：太陽太陽你好懶，為啥起得這樣晚？

鄭三有老人道：「那時綠化植樹也沒個早晚。」

我問：「綠化了嗎？」

老人道：「綠化了，綠化了。就是後來有點水跟不上……巴圖灣村的大柳

樹都是那時種活的，幾十年了，一個人都摟不過來。」

臨走，鄭三有老人再一次對我說：「我當了幾十年支書，我有個信條，甚時候也不能白吃白占，貪污腐化……」

我告別了老人，並默默地為他祝福，希望他長壽，多看幾眼先烈們曾經流血流汗的毛烏素沙漠，現在變得多麼美麗。

五、高高的藍天上彙集著雲朵

賀希格巴圖是中國近代史上一個傑出的具有民主主義思想的蒙古族詩人。

他一八四九年出生在烏審旗沙利蘇木一個普通的牧民家庭，自幼年時期就和父親為烏審旗西官府巴拉珠兒公爺家放牧。賀希格巴圖聰敏好學，勞動之餘就跟私塾先生學習蒙、漢、藏文，很快粗通了中華民族的歷史。他還收集了大量鄂爾多斯蒙古族民歌、傳說和諺語。一個牧人之子有這樣的學識，很快受到了巴拉珠兒公爺的賞識。

蒙古族詩人賀希格巴圖

巴拉珠兒公爺是薩岡徹辰的後代，他對賀希格巴圖說：「駿馬得配好鞍，好身板得穿件好衣裳。你以後就不要跟著馬尾巴轉了，來公爺府當差吧。」

於是，賀希格巴圖在十四歲的時候，在巴拉珠兒公爺手下當上了一名文書。賀希格巴圖在公爺府接觸到了許多詩書典章，極大地豐富了他的學識。他在完成文案工作之餘，常常創作一些短小精悍的詩文。他的詩文特點是幽默風趣，合轍押韻，易於上口，便於傳誦。很快，他的作品受到了人們的喜愛。

賀希格巴圖生活的時代，正是「獨貴龍」運動風起雲湧的時代。他的詩文反應了人民的願望，他漸漸成為人們喜愛的烏審才俊。賀希格巴圖的情詩那大膽直露的火辣辣表達以及對愛情的忠貞堅守，更為烏審青年男女所喜愛。

有一年正月，賀希格巴圖隨巴拉珠兒公爺去參加旗裡的大會，期間，他寫出了《高高的藍天》這首著名的詩篇。詩人站在高高的毛烏素沙漠上吟詠自己的愛情：

泛著青色霧靄的是遠方的景象
渴念的人呀總也離不開我的心房
你的模樣宛若一幅美妙的圖畫
我的這顆心啊就像一束飄浮的幽光

如願相愛的我那心上的人啊
你與百花叢中的蓮花沒有兩樣
我忍受不了這肝腸寸斷的思念
只有幽會的一刹那才能免除惆悵

這首詩不脛而走，成為一首名篇。

詩歌改變了賀希格巴圖的命運。由於出眾的才華，他被選到時任伊克昭盟盟長准格爾王爺的府中當了一名仕官，跟著王爺出入北京有十八趟之多。期間，他親眼目睹了封建王公的腐朽沒落，大清王朝的昏聵無能，西方列強的橫行霸道。賀希格巴圖曾寫作詩歌痛斥滿清王朝的腐敗無能。而對席尼喇嘛領導的「獨貴龍」運動，他大聲叫好，滿懷激情寫作了詩篇。

「獨貴龍」運動被鎮壓下去後，他受牽連被削職。從此，賀希格巴圖在家鄉的草灘上牧馬，為鄉親們行醫，過著自食其力的清苦生活。無管生活多麼困苦，他從沒有放棄過手中的筆。他對當時的黑暗社會表現出強烈的憎恨，寫出了《罪惡的時代》這樣犀利如刀的名篇——

咳，我能有什麼法子呢？
現在是：
看見了自己的影子都要害怕的時代
看見了自己的尾巴都要受驚的時代
聰敏和智慧無用的時代
懷疑和猜忌氾濫的時代
狂暴的事件易發的時代
美酒和肥肉萬能的時代

一百餘年後，人們讀他的詩歌，仍不得不佩服他的睿智，深刻！

賀希格巴圖現在已經成了烏審人民的驕傲，他的家鄉矗立著他的漢白玉雕像，供後人瞻仰。

毛烏素沙漠出詩人，和賀希格巴圖同時代的詩人就有一大批，他們都有名篇佳作留世。而且他們的詩歌創作影響了牧民的生活，甚至攪起了時代風雲。

用詩歌直抒胸臆，表達看法，是以賀希格巴圖為代表的烏審詩人群創造的一種詩風，現在已經演變成為烏審旗牧民的一種文化傳統。就是在現在，草原的牧人家中婚喪嫁娶，都會有牧人獻上詩歌，表達自己的喜怒哀樂。詩興頗濃的烏審旗蒙古族牧人，常常以詩會友，召開牧人詩歌朗誦會。

在烏審旗大地上行走，你常會見到這樣的情景，在一個月圓之夜，牧戶的草地前忽然停滿了汽車、摩托車，院內詩情迸發的牧人們正在大聲朗讀自己新創作的詩篇⋯⋯

蒙古族祭祀

泛著青色霧靄的遠方啊，那是牧人的夢想｜03章　137

文化「獨貴龍」戶

　　在建設綠色烏審的活動中，烏審旗委、政府十分重視自己的詩歌遺產、歌舞遺產，根據烏審旗牧人擅歌舞，喜詩文的特性，在草原上建立了許多「文化獨貴龍」戶，用於傳承烏審旗獨特的詩文遺風。這些「文化獨貴龍」戶繼承寶貴的蒙古族文化遺產，發展旅遊經濟，座座氈包已經成為烏審草原上的文化明珠，吸引著國內外大批大批的遊客、訪客。

　　今年春天，正是草色微透的時節，我來到了烏審旗烏蘭陶勒亥鎮採訪。鎮上的王書記、肖鎮長陪我到了一戶草原上的牧人家，這家的主人阿拉騰畢力格是個靦腆的青年人，三十剛出頭的樣子。他家的院內豎立著蘇力德，小院子收拾得十分乾淨。主房是一排大平房，室內現代化生活用品一應俱全。院內還有幾座蒙古包，是供人們旅遊餐飲用的。

肖鎮長說入了夏，這地方紅火得收攬不住，每個蒙古包裡都是滿滿的人，唱歌的，跳舞的，縱情地在草原上撒著歡。

畢力格言語不多，他告訴我，原先這裡是一片大明沙，後來承包治理荒漠，用了幾年時間就把這片明沙治住了。栽下的苗木都成活了，四周全綠了，好看了。後來辦起了文化獨貴龍戶，每逢週末，鎮上、旗裡的人都來紅火，有時都得提前預訂。我問收入還可以嗎？畢力格說，錢是掙了點，可我還是想發展文化。

王書記對我道：「畢力格搞的這個『文化獨貴龍』高雅，有些特點。咱們進包裡參觀參觀？」

畢力格領我們走進了一座蒙古包，我驚奇地發現這是一個家庭圖書館，一排排書架上整齊地擺放著各類書籍，大約有幾千冊。王書記道：「這間圖書館是畢力格這後生個人籌辦的，連設備帶圖書得用幾萬塊哩。」我更是吃驚，甚至有些不理解地看著畢力格。畢力格告訴我，這些書都是他購買的，平時供牧人們來借閱學習。有時也在這間圖書室裡召開詩哥朗誦會。旗裡愛寫詩的牧人也都常來這裡，以詩會友，陶冶情操。

我注意到蒙古包內懸掛著十幾幅精美的彩色人物畫像，畢力格告訴我，這些畫像全是當代蒙古族最優秀的詩人和作家，從這畫像中我認出了我的一些蒙古族作家、詩人朋友，還有一些我不熟識的作家、詩人。

畢力格說他們現在正在籌辦綠色烏審攝影展，參展作品都是鎮上牧民拍攝的作品。王書記說，鎮裡的牧民文學創作的積極性很高，經常辦詩會，牧民們喜愛詩歌。我說，我曾參觀過旗裡的文化活動中心，看到過旗裡的文學藝術成就展，烏審旗湧現過許多作家、詩人，他們的作品還獲過「駿馬獎」，這是當代中國少數民族作家最高文學獎項。肖鎮長驚喜地說：「咱旗裡還有這人才？看來薩岡徹辰、賀希巴格圖開創的烏審旗文學事業後繼有人哩！」

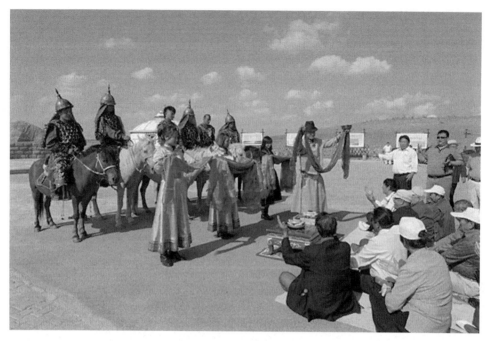

當我們要離開這個「文化獨貴龍」戶時，畢力格托著一條藍色的哈達走了過來，哈達上放著一本書。他說這是草原上的一位牧民寫的作品，然後莊重地送給我。我在鄂爾多斯工作了四十餘年，用哈達托著書贈人，還是頭一次見到。在這個普通的「文化獨貴龍」人家，我感受到了牧人對藝術的嚮往，對文學的虔誠。

一剎那，我出現了這樣的幻覺，好像賀希格巴圖飄然在我眼前晃過，詩人那睿智的眼風，高傲的八字鬍，雋永的詩句一下子向我湧了過來……

我坐在車上，默默地望著空曠的草原，好長時間沒有說一句話。

我想起去年夏天在無定河北岸采風時，曾經結識過一位叫任俊祥的農民女詩人，她是烏審旗文聯副主席馮海燕介紹我認識的。馮海燕告訴我，她與任俊

祥認識時，她還在河南鄉的一所學校當教師。那時，任駿祥常來學校找她，兩人談論文學，談論詩歌，她們都喜歡泰戈爾、舒婷。兩個女人為詩歌瘋魔，鄉上的人把這兩個女人當成怪物。

馮海燕說：「真的，那時人們看我倆的眼光都不一樣。我還好過一些，我是公家人，任駿祥麻煩就多了，在世人的眼光裡，她一個農民，一個為人妻的女人，憑甚寫詩？憑甚泰戈爾？那時，任駿祥壓力太大了，她愛寫詩，為此，她的丈夫還打過她。她說，打不死就寫詩！」

我說，我很想見見這位打不死的女詩人。馮海燕立即打電話聯繫，約定了見面地點。當我們的車到達時，一個男人開著摩托車，後面坐著一個瘦高的女人已經在等著我們了。那女人沖馮海燕招招手，我們的車跟著他們的摩托車走，來到了任駿祥的家。我原以為坐在摩托車後的女人是任駿祥的女兒，原來

她本人就是任駿祥，而開摩托車載她的正是她的丈夫老馬。

任駿祥告訴我，她的兒子在內蒙古農業大學讀書。我問：「兒子支持你寫詩嗎？」任駿祥說：「一開始兒子不太理解，現在挺支持我的。」馮海燕說，媽媽是詩人，兒子臉上也挺榮光的。

我坐在沙發上，一面喝茶，一面打量著這間普通的農居。屋裡茶几上堆著一些雜誌，裡屋是任駿祥的書房，書房挺素淨，還放著一台電腦。任駿祥對馮海燕說：「你說肖老師要來我家看看，我趕緊從網上看了他的資料。過去只聽說過市裡有這麼個作家，我還真沒有讀過他的作品。」

我笑了，這是個實誠人。記得上世紀九〇年代中期，我去過泰戈爾的家鄉。泰翁的莊園現在還辦著一個「泰戈爾國際藝術學院」，來自世界各地的學生們在這裡就讀，師生們上課就圍坐在高高的菩提樹下的綠草坪上，那本身就是一種行為藝術。泰戈爾的詩歌好多就是在這綠草如茵、菩提樹散佈的莊園上寫出來的。

泰翁的崇拜者任駿祥告訴我，她家四代人都住在河南鄉，過去這裡沙丘多，灰沙梁也高，這些年都改造成良田了。現在這裡是無定河商品糧基地，田裡的活大多機械化了。她平時在家裡餵餵豬，做做家務，有空時讀讀書，寫寫詩。她從來沒有出過遠門，二〇〇三年時去過一趟烏審旗府，這是她去過的最遠最大的地方了。

她說她喜歡的詩人是舒婷和泰戈爾，她非常詩意地說：「我是大地的孩子，只要一走在田地上，心裡就發酥眼睛發癢。人在土地上索取太多了。」我想，這個女人對土地有感覺，具備詩人的潛質。我完全能夠想像得出，任駿祥在創作時遇到的艱難。我對任駿祥這個瘦弱的農家女人充滿了敬意。

老馬按著當地蒙古族待人的習慣，茶托上放著三盅酒，衝我遞了過來。我

蒙古族舞蹈

接過一盅盅飲盡，老馬高興地笑了。這是個壯壯實實的憨厚漢子，我問他：
「你還打老婆嗎？」老馬尷尬地道：「哪能呢？過去我就是著急，你下地回來，
灶是涼的，鍋是冷的，雞沒餵，豬叫喚，她還在爛紙上寫劃，詩是莊戶女人寫
的？我急了就給過她一巴掌，現在不就成罪過了？市裡來人問，旗裡來人問，
實際上那時我打她，她痛我更痛！」

老馬道：「後來讓人家專家一說，不得了了，還要給出書。天爺，這無定
河兩岸，從古至今，有幾人出過書的？書還真出來了，旗裡還給開會，還給獎
勵，一本書弄了好幾萬，這可比餵豬餵雞收入大。人還有了名，當村裡的婦女
主任，旗裡的婦聯代表。我對她說，你好好寫，咋寫都行！」

人們又是大笑。任駿祥也託了三盅酒遞給我，我又喝乾了。

老馬道：「自己的女人當了詩人，我臉上也挺有光。可她出了書後，光對
著書桌發愣，詩寫得越來越少了。」

臨走，任駿祥送了我一本書，是她的詩集《珍藏》。我對她說：「我期待見到你的下一本詩集。」任駿祥點了點頭。

我翻閱著她的詩集，有這樣一段小詩吸引了我：

我愛這土地
一個全新的日子裡
在一片慈祥的陽光下
我含著淚
把大地摟在懷裡
盡情地親個夠

我說
我愛這土地
我寧願去死
讓我的骨肉化作
數億計人腳下的土地
生命原本產生於土地
葉落歸根是回報土地對它的養育之恩
我深深地愛著這土地

在烏審大地上，像任俊祥這樣的文學堅守者很多，我在旗裡的文化活動中心看到了一群蓬勃成長的八〇後詩人群體。這些二十幾歲的年輕人，大都是牧人的後代。他們傳承著先人留下來的文脈，努力創作，成為毛烏素沙漠新一代

的歌吟者。

我在採訪中知道，在「以人為本，建設綠色烏審」中，烏審旗打造出了「中國蘇力德文化之鄉」、「中國蒙古族敖包文化之鄉」、「中國鄂爾多斯歌舞文化之鄉」、「中國馬頭琴文化之都」四大文化品牌。

在烏審旗，國家級的重點文物保護單位有兩個，「河套人遺址」和「獨貴龍」活動舊址。另有自治區級七處，市級九處。一個旗擁有這般厚重的文物保護單位，在縣級區域不多見。

幾年來，旗政府先後投資三十多億，建設了文化藝術中心，「獨貴龍」文

集體演奏馬頭琴

化廣場，薩拉烏蘇體育公園、體育中心、人工湖、蘇力德碑等公益性文化設施。在農村牧區建成達到市級一級站水平的文化站六個，嘎查文化室六十四個，蘇木鎮文博館七處。旗烏蘭牧騎先後代表國家赴意大利、瑞士、日本等國家演出。在波黑塞族共和國「杜卡特國際民間藝術節」上，榮獲評委會最高榮譽獎和最佳表演獎。一大批民間表演團體脫穎而出，在烏審旗的旅遊經濟中發揮著生力軍的作用，農牧民依靠本身歌舞詩歌文化優勢，創造著經濟價值。

有一次，我與烏審旗人民政府旗長牧人先生談到烏審旗開展的打造「中國馬頭琴之都」時，牧人感慨地說：「別的不說，光馬頭琴我就向下面送了六千把，為搞馬頭琴文化建設力度不能說不大。」

的確，烏審旗的馬頭琴文化建設搞得既群眾化又專業化。在烏審旗的蘇木、鎮，都有自己業餘的表演團體，參加表演的大都是鎮蘇木幹部、企業職工，他們成立註冊了「中國馬頭琴學會烏審旗分會」，建立了九個「馬頭琴文化協會」，組建了六十二支「馬頭琴文化獨貴龍」，擁有成員一千五百多人。登記馬頭琴文化戶三千餘戶，在學校系統建立了十二個馬頭琴音樂興趣小組，成員就有二千一百多人。另外旗裡還建立了「馬頭琴音樂廳」、馬頭琴博物館和馬頭琴文化廣場，並特聘了馬頭琴大師齊寶力高擔任烏審旗「中國馬頭琴文化之都」的形象代言人。

今年夏天，我在剛落成不久的旗文化中心參觀了馬頭琴博物館，看到了那年代各異，形形色色的馬頭琴，深感蒙古族馬頭琴文化的博大精深。在馬頭琴演奏廳內，我親眼見到了馬頭琴藝術團氣勢磅礴的排練演出，其規模陣勢、演奏水平讓人不敢相信這是一個旗級的業餘藝術團。在烏審草原上，在牧人的家中，你時常可聽到馬頭琴聲，琴聲記載著蒙古民族的千年記憶，讓人浮想聯翩，感慨萬千。

草原上最誘人的花香，
是那五月開放的玫瑰　04章

一、周恩來說：她寶日勒岱就是國民黨，也要讓她出席黨的九大

在寶日勒岱的記憶中，她是一九五七年走進綠化毛烏素沙漠的事業中來的。那年，毛主席發出了「綠化祖國」的號召。十八歲的寶日勒岱是烏審召蘇木烏蘭圖婭牧業初級合作社的副社長、共青團支部書記。

這天，年輕的寶日勒岱激動得睡不好覺，她覺得烏審召的大沙漠太需要綠化了。從小在烏蘭圖婭草灘上放羊的寶日勒岱，也說不清身邊究竟有多少道大沙梁、大沙漠。自小，她就知道她和鄰居的家，總是搬來搬去的。房建起沒多久，黑山羊就跳到了沙柳搭的房頂上，她就知道沙子壓過來了，又該搬家了。

二十世紀六〇年代初的寶日勒岱

結果是沙漠越來越大，烏蘭圖婭草地越來越小。

寶日勒岱知道，遠處的沙漠里長著沙蒿、沙柳，那是人們用來燒飯熬茶冬天燒火取暖的。寶日勒岱想，要是把沙柳、沙蒿移到家門前的沙漠上，不就把沙漠固定住了？沙子不動了，草地和家不也就保住了？

想到這，寶日勒岱翻身下炕，幾乎是衝出了屋。她翻身躍馬去找表姐。表姐見她大清早地跑來，吃了一驚，不知道出了什麼事情。

治沙帶頭人寶日勒岱

當太陽升起時，寶日勒岱和表姐每人背著一大捆沙蒿出現在高高的沙梁上，開始栽種沙蒿。這是寶日勒岱第一次在沙漠上塗抹綠色。寶日勒岱是個愛唱歌的姑娘，她的歌聲像百靈鳥一樣動聽。寶日勒岱美妙的歌聲吸引來了在草灘上放牧的共青團員和社裡的青年男女。

當太陽落山時，高高的沙梁上已經有了星星點點的綠色，暮色中閃動著寶日勒岱和青年社員們忙碌的身影。那天夜很深了，毛烏素沙漠上還不時傳來寶日勒岱和她的共青團員們的歌聲。這夜晚，這歌聲永遠留在了寶日勒岱的記憶之中。

幾天以後，寶日勒岱發現他們辛苦栽種的沙蒿被黃風颳下了沙梁，成了蜷縮成一團的乾柴火。有位大嫂一邊收攏著乾柴火，一面對寶日勒岱說：「寶日

勒岱呀，別再領著後生女子們白下苦了！召上的喇嘛們說了，草木不是人栽種的，是海青鳥從遠處銜來的，得落在好地方才能生根發芽。」

大嫂的話給了她一些啟示，她想沙蒿栽在沙梁頂上活不了，要是栽在背陰的沙梁腳下呢？沙梁腳下有水，還能躲過太陽曬，沙蒿不就活了？寶日勒岱衝著高高的沙梁說：「我給你套上腳拌子，讓你再亂跑！」在她的眼中，毛烏素沙漠就像是一個不服管束的小馬駒或者是一個愛搞蛋的頑童，她要精心為它裝扮。

在寶日勒岱和社員們的精心關護下，他們眼前的沙漠穿上了生著根的綠靴子，披上了厚厚的綠袍子，漸漸地跑不動了。整整十年，寶日勒岱帶領她的社員們，辛辛苦苦地整治著眼前的無邊無際的大沙漠。

寶日勒岱與牧人旗長參加植樹活動

寶日勒岱清楚地記得，當年就是這群男女老少，在治理沙漠時，大規模地圍封草場，建設一塊塊「草庫侖」，在茫茫草灘剷除醉馬草。為了買樹苗，跑到陝北榆林，要拉著駱駝馱上樹苗，來回翻越幾百公里明沙，受得那份苦累就沒法再提了。

　　十幾年下來，烏審召人在寶日勒岱的帶領下，在沙漠中栽林二十萬餘畝，種草四萬餘畝，禁牧封育十二萬餘畝，改良草場八萬餘畝。更為可貴的是，他們還在治沙實踐中，創造總結了「喬灌草結合」、「穿靴戴帽」、「前擋後拉」、「草庫侖」等科學治沙方式，在全國沙區推廣，並且引起了世界防止荒漠化組織的重視。

　　烏審召人在毛烏素沙漠上創造的綠色奇蹟，得到了黨和國家的讚譽。那時，烏審召被譽為「牧區大寨」，成為全國人民學習的榜樣。為此，《人民日報》專門發表了社論《發揚烏審召人民的革命精神》。這些一心想治理沙漠、儘快過上不讓沙漠趕來趕去的安生日子的貧苦牧民們，就這樣被推上了那個時代的巔峰。對寶日勒岱這個普通的蒙古女人來說，這也許是她生命的不可承受之重。那是一九六五年冬天。

　　一九六六年六月中旬，陳毅元帥陪馬里代表團來到烏審召參觀，見到毛烏素沙漠的綠色奇蹟非常興奮，並當場題詩一首鼓勵。寶日勒岱決心再帶領烏審召人民多種一些樹，多栽一些草，讓沙漠儘快綠起來，好讓羊兒馬兒吃飽，牧人們有個美麗而又富裕的家。可「文化大革命」來了，很快寶日勒岱和其他大小幹部、烏審召裡誦經的喇嘛、舊時的牧主、新生的牧主混在一起，挨鬥受批。

　　在那黑白顛倒的日子裡，寶日勒岱唯一能做的就是放牧、植樹、種草，還有在那無垠的沙漠上孤苦地悄聲哼唱著鄂爾多斯古歌，以排遣心中的苦悶和惆悵。苦難之中，寶日勒岱想起了年邁的母親，想起了她幼時依偎在母親的懷中，經常聽母親輕輕地哼唱：

沙海的風水讓綠洲霸占了
綠洲的風水讓綠洲中的清泉和垂柳霸占了
森吉德瑪的眼睛是清泉中最明淨的地方
森吉德瑪的身材是垂柳中最婀娜的地方

有金子多好呀
送上金子就不走了
沒有金子的孟克巴雅爾
淚汪汪地上路了

有銀子多好呀
送上銀子就不走了
沒有銀子的孟克巴雅爾
淚漣漣地出發了

　　歌聲幫她驅趕著痛苦和孤獨，直到有一天，一輛吉普車停在了寶日勒岱正在植樹的沙漠旁。

　　事情過去了四十三年，寶日勒岱說起這些事情來還似乎是心有餘悸。那天，我坐在寶日勒岱家客廳的沙發上，老人就搬把椅子坐在我的對面。這套房子並不大，陳設也非常簡樸。

　　寶日勒岱對我說：「那時，我真不敢上車，不知他們又要把我拉到哪裡去挨鬥受罪。我求他們說，就讓我在這裡種樹，我就是想種樹，種樹有甚罪

啊……」

我問寶日勒岱：「大姐，他們當時要拉你去哪兒呢？」

寶日勒岱頓了一下，說：「北京，參加黨的『九大』。」

原來，在審議黨的「九大」代表時，細心的周恩來總理發現烏審召的代表不是寶日勒岱，就詢問當時內蒙古自治區的負責人。負責人說寶日勒岱是「內人黨」，被革命群眾揪出來了。周恩來火了，厲聲說：「她寶日勒岱就是國民黨，也要讓她出席黨的『九大』。」

周恩來解救了寶日勒岱。寶日勒岱從此登上政壇，成為三屆中央委員，兩屆全國人大常委。十年內，她先後擔任了烏審旗委書記、內蒙古自治區黨委書記。但對寶日勒岱來說，她只不過是一個不折不扣的治沙人，這個身分永遠不會改變。她在阿拉善盟工作時，親自攀登了荒無人煙的巴丹吉林沙山，深入瞭解在巴丹吉林沙漠腹地牧人的生活情況。有人說，她是第一位翻進巴丹吉林大沙漠腹地的高級幹部。

寶日勒岱說：「我就是和沙漠打交道的命。」

我想，毛烏素沙漠上的大樹，會清楚地記得寶日勒岱這個善於歌唱的年青姑娘如何慢慢變成一個古稀老人。寶日勒岱老了，而浸注她一生心血的烏審召沙漠卻越來越年輕了。

寶日勒岱從領導崗位上退下來後，一直從事自治區沙、草產業協會的專門研究，從一個更高的、更專業的層面關注毛烏素沙漠的治理。

在採寫寶日勒岱時，有一個繞不過去的坎兒，那就是「文化大革命」中的「牧區大寨」烏審召。寶日勒岱接受我的採訪時，曾毫不隱諱地說過這樣一句話：「『文革』中毛主席犯了錯誤，我們也犯了錯誤」。面對老人的自我剖析，

我想起了一位俄羅斯作家說過的話，鷹有時比雞飛得低，但雞永遠也飛不了鷹那樣高。在我的心中，寶日勒岱永遠是盤旋飛翔在毛烏素沙漠上空的一隻蒼鷹。

半個世紀前，寶日勒岱和烏審召揭開了毛烏素沙漠治理的序幕，留下了寶貴的經驗。但如何汲取這份彌足珍貴的文化遺產，是我在寫作這部報告文學時，苦苦思索的一個重要章節。

一天，我接到郝誠之大兄的一個電話，他說他正在編寫《內蒙古沙漠志》，想收錄我的幾篇文章。誠之大兄長於研究沙漠治理，傾心於內蒙古沙草業的發展，現在擔任自治區沙草協會的副會長。我說我正在寫作關於毛烏素沙漠治理的報告文學，正有問題想向老兄請教。誠之大兄在電話那面哈哈大笑著欣然應諾。

我很快趕到呼市，與誠之大兄就治理沙漠的話題，暢談了一個下午。臨走，誠之大兄送我一篇他撰寫的《對我國治沙典型「牧區大寨」烏審召經驗的再認識》論文。這個問題，也正是我不斷思索的。我覺得寶日勒岱和烏審召的「牧區大寨」是農業治沙思維模式的典範，它經歷了極度的輝煌，但到了上世紀晚期已經走到了盡頭。它是特定歷史時期的產物。有資料顯示，在上世紀八○年代初，烏審旗一一六四五平方公里範圍內，各類風蝕沙化土地已占總面積的百分之九十四點八，強度沙化面積比例高達百分之四十。大面積草場農田被流沙無情吞噬，村莊、房屋被掩埋，道路和電力、通訊線路時常受阻中斷。事實證明，僅靠「喬灌草結合」和「草庫侖」建設是不能徹底改造毛烏素沙漠的，生產方式和生活方式不得到根本轉變，農牧民是擺脫不了濫墾濫牧的宿命的。

　　長期以來，烏審旗就在「整體惡化，局部好轉，治理速度趕不上惡化速度」這樣一種境地徘徊，只是進入新世紀才有了全旗境內生態的整體恢復。而烏審召和烏審旗境內整個毛烏素沙漠發生質的變化，正是因為人們的治沙思維發生了根本變化，我將這種變化稱之為工業化思維。

　　我們梳理總結烏審旗的治沙模式，大概有這樣九種：

　　「家庭牧場」模式。這曾經是烏審旗生態建設最基本的模式。上世紀八○年代以後，實現以戶為經營單位，以圍、封、建、升為主要手段，根據不同條件，實施不同的生物措施。「圍」是將房前屋後流動性大的沙丘網圍起來；「封」就將面積大、有天然落種更新條件的沙丘封閉起來、促其自然繁殖，並輔之以人工措施恢復植被；「建」就是流沙基本得到控制後，發展小片用材林、經濟林，並打井配套建設糧料基地；「升」就是及時充實建設內容，發展多種經營，促其向「家庭小經濟區」過渡。

　　「劃區輪牧」模式。以戶為單位，將草場依據不同的土地類型，進行劃區圍封，流動半流動沙地圍封禁牧，恢復植被；丘間灘地和下濕草場分塊圍封，

輪封輪牧。目前，全旗百分之九十八的草場實現了網圍化，牧區百分之百的戶子已經實行四至六月分禁牧舍飼、其餘時間輪牧。

「封沙育林育草」模式。對面積較大、且集中連片的荒沙、荒地，圍封禁牧，自然復壯與人工改良相結合，實現對鄰近流動、半流動沙地的治理。

「小流域治理」模式。對境內水土流失嚴重的小流域，採取統一規劃、統一建設、承包到戶、分戶受益的方式，建設水土保持林帶，涵養水源，保持營養，發展多種經營，治理與致富相結合，改善生態環境，增加農牧民收入。

「飛播造林」模式。充分利用烏審旗境內地下水位較高、水分條件較好的有利條件，將人工難以治理的遠沙大沙全面封閉，利用飛機造林種草，雨季促苗，封育保苗，增加綠色。

「生態移民」模式。對生態環境極度惡化、基本失去生存條件的地區，將區域內住戶整體轉移到城鎮從事非農產業。退出區全面封閉，人工措施與飛播措施相結合進行治理。

「造林大戶」模式。這種模式以個別造林大戶的先進經驗為基礎，可以個戶成片承包治理，也可以聯戶連片承包治理。目前，烏審旗已培育三千畝以上治沙造林大戶二四〇多戶，累計完成治理六十多萬畝。

「農業綜合開發草原建設」模式。以大面積人工種草和天然草場改良為主，輔以必要的飼草料基地開發，配套建設棚圈、青儲窖、粉碎機等基礎設施，推廣「現代化高效益家庭牧場」模式，保護草原，建設養畜，科學管理實現生態建設與牧民增收雙贏局面。

「龍頭企業治理」模式。這一模式是隨著工業經濟的快速發展而出現的一種新型生態建設模式。以發展林沙產業、建設和保護企業所在地生態為主，工業和生態環境及林沙產業共同發展，謀取經濟效益、生態效益和社會效益的

「三效」統一，以實現「以1%的工業用地，換取99%的生態效益」這樣一種全新的治沙思路。

在這九種模式中，前四種基本沿襲烏審召的治沙模式，還留著當年「牧區大寨」的印記。後五種除了「飛播治沙」之外，基本上是新時期以來，烏審旗人民在實施「以人為本，建設綠色烏審」的偉大實踐中，不斷創造、完善和豐富的新的治沙模式。特別是「龍頭企業治理」模式，是烏審旗的獨創，是烏審旗走以「工業化」、「城鎮化」促生態恢復道路的成功實踐。

談到這種模式，寶日勒岱動情地對我說過：「福氣！烏審召人的福氣！」

二、殷玉珍：「寧肯治沙累死，也不能讓沙欺負死。」

殷玉珍是陝西省靖邊縣人。一九八五年時，十九歲的殷玉珍出嫁到了烏審旗的河南鄉爾林川村。殷玉珍見過沙漠，可沒見過爾林川那樣大的沙漠，而她的新家井背塘更是爾林川大沙漠中的大沙漠。這里路沒有，電沒有，抬頭是沙，低頭也是沙。

殷玉珍看著婚房，傻眼了，那是一間挖在沙坡上的狹窄、潮濕、半地下的土窩窩。殷玉珍的淚水流了下來。

新婚之夜，風颳得非常邪虎，砂粒子被風捲起拍撲著窗櫺門框，就像有無數的老鼠爪子一個勁在門窗上抓撓，嚇得殷玉珍將頭蒙在了被子裡。好不容易熬煎到天明，她卻發現門被沙子堵住了，挖了半天沙才爬了出來。

治沙模範殷玉珍

殷玉珍望著漫天黃沙，向著南邊，放聲大哭了。

坐在沙梁望娘家
咋就把我往這裡嫁
拋一把黃沙抹一把淚
咋就叫我活受這個罪

淒苦的信天游歌聲在她的耳邊盤繞。

殷玉珍想離開這裡，到外面闖世界。她垂著淚低頭在前面走，丈夫跟在後面哭，再後面是眼巴巴的公公婆婆。家裡的那條也小狗追了上來，圍著殷玉珍哼唧著咬褲腳，最後，她還是心軟了，停下了腳步。夫妻倆抱頭大哭。哭夠了，又回到了那間土窯子裡。家裡還有兩隻羊，一隻是春羔子，一隻斷了後腿。這就是殷玉珍家的全部財產。

殷玉珍變成了白萬祥的婆姨。陝北婆姨不怕吃苦，種地做飯，忙裡忙外。可她不甘心讓這欺負人的沙子吞沒自己。地用不著整天種，她的主要任務就是鏟沙子，幾天不鏟，她的家就得被風積沙埋住。

婚後第二年春天的一天，她冒著風沙去井邊打水，發現井邊有一株小楊樹泛了綠，在黃風中搖動著嫩葉。這讓她驚喜，一棵樹能活，就說明這沙窩窩裡能植樹。有了樹就能擋住沙，擋住了沙就能保住家、田地。

她下定決心要在這窮沙窩窩裡植樹。丈夫白萬祥有些猶豫，就算能種活樹，種樹能當飯吃嗎？殷玉珍說沙漠裡能吃的東西多著哩，我就是天天吃野菜，也要把樹植下去！白萬祥感動地說，你一個女人能吃這樣的苦，我有甚苦不能吃呢？咱吃野菜就吃野菜了，這輩子我就跟著你在這沙窩子裡植樹了！

　　殷玉珍要在沙漠裡種樹，公公婆婆覺得這女娃話說得有些大了。「女子啊」，婆婆對殷玉珍說，「別說女人種樹，這百十里能找見個種樹的爺們不？咱還是像老先人樣，守著這沙窩窩裡扒拉出來的幾畝沙巴拉地，踏踏實實過莊戶日子吧！」

　　殷玉珍對婆婆說：「我不想種地過日子？可這沙子欺負得你種不成地，治不住沙子，咱甚也幹不成！我算是看開了，不種樹過不成日子！娘，咱得為晚

八十年代中期殷玉珍的「婚房」

輩子孫考慮！我是潑出來了，我寧願種樹累死，也不能讓沙子欺負死！」

聽殷玉珍這樣說，婆婆只得由著她了。

殷玉珍在井背塘呆久了，知道這沙漠裡有水。在地裡幹活有時渴得不行，挖兩鍬沙子就滲出清靈靈的水來，捧著喝一口還甜甜的。

春上是植樹的日子，殷玉珍用家裡那隻三條腿的羊找人換回了幾百棵樹

苗，把它們栽種在房子周圍，每天像侍候寶貝一樣精心地照料，擔水澆樹。可風太大了，天太旱了，樹苗子總是被狂風吹得搖晃，樹根子不好往下扎。到了第二年春上，小樹竟然活了一百多棵。看著返青鼓芽的小樹，殷玉珍眼睛濕潤了，她對丈夫白萬祥說：「老漢，咱這一年的苦沒有白下，你看見了嗎？能活一百棵就能活一千棵，一萬棵，這是咱們的希望！」

「老漢」白萬祥那時是個二十出頭的小夥子，聽妻子這樣說，他只是笑。從此，他們在茫茫的毛烏素沙漠裡開始了有希望的生活。

沒有錢買樹苗，殷玉珍就跑回娘家借了三百塊錢，先買了幾頭豬仔，再由豬仔倒換成樹苗，這樣比拿錢直接買樹苗倒騰得多一些。殷玉珍是個精明的女人。白萬祥也跑到外面用氣力和幹活的手藝向人家倒騰樹苗子。人們有些奇怪，這後生幫人攬工蓋房子、淘糞、做零活從不要現錢，就是要樹苗子，到底咋了？有樹的人家，就由著他剪樹枝子。他背起剪好的樹枝子就往家趕，往往要走十幾里的沙地才能回到井背塘。回到家裡，他便和殷玉珍將樹枝子修剪成樹栽子，然後泡進水裡，等泡幾天，就用長長的鋼釺子往沙漠裡插眼，然後將泡透了的樹栽子種進沙漠裡。日復一日，年復一年，殷玉珍已經不知道自己在這沙漠裡插了多少眼了。

功夫不負苦心人，又一個春天來臨的時候，殷玉珍的家園已經有了上萬株幼樹。殷玉珍全家人齊上陣，整整幹了三個多月，栽下五千多棵柳樹。但沒想到一場昏天黑地的沙塵暴忽然襲來，柳樹苗子被風連根拔起，不見了蹤影。更讓殷玉珍撕心裂肺的是，她勞累過度流產了。殷玉珍全家陷入了極度的悲痛之中。婆婆流著淚問：「風沙作害人咋就那麼厲害呢？」殷玉珍欲哭無淚。她提著鍬出了門，婆婆著急地問：「你不要命了？」殷玉珍發著誓說：「我就是捨上命，也要把這沙老虎治住！不給子孫後代留下一片蔭涼地，我就枉活一回人！」

殷玉珍在實踐中摸索出，要想不讓大風把樹苗拔掉，得先把周圍的沙子固定住，然後再開始種樹。她學會了用乾沙蒿、乾沙柳枝子扎網格，再在網格裡種上沙柳、沙蒿、羊柴等耐旱植物，然後再開始植樹。這樣，草有了，樹也有了。若干年後，有專家告訴她，她走的是一條科學治沙的道路。

一九八九年初春，白萬祥在爾林川打工的時候，聽說村裡有旗林業局下撥的樹苗子，村領導正愁著發不出去。當時旗林業局支持大家植樹，給爾林川村撥了五萬株樹苗。可在沙漠裡植樹人們沒有把握，沒人願意從苗圃領回這樹苗子。白萬祥找領導一說，領導說：「行，你可得往活裡種，千萬別當柴火燒了。林業局的人明年春上還要來檢查哩！」殷玉珍知道，要是林業局給的樹苗子種好了，栽活了，公家以後還會大力支持她在沙窩子裡植樹。勢薄力單的她，太渴望政府地支持了。她激動地對白萬祥說：「老漢，咱家要打翻身仗哩！」

殷玉珍向鄉親們借了三頭牛，趕往苗圃馱樹苗子，把樹苗子捆成垛，往牛背上一馱連口水都顧不上喝就急著往回趕。卸下樹苗子就和丈夫趕緊栽種，唯恐誤了時機影響成活率。半個多月的時間，殷玉珍趕牛馱著苗垛子奔波在大沙漠裡，風沙抽得她臉都裂開了口子，滲著血絲。

一天途中黃風大作，殷玉珍被風頂得實在走不動了，就抓著牛尾巴爬沙梁，沙梁有幾十米高，好不容易上了梁，樑上的風一下子就把苗垛子掀翻到坡底。她只得驅牛溜下坡底，把樹垛子重新抬上牛背，繼續往上爬，當到了梁頂時，那樹苗垛子又被狂風掀回了坡底。

這次殷玉珍號咷大哭了：「娘啊，閨女讓沙子欺負得活不下去了！」

活不下去也得活，殷玉珍連淚都不擦，又返回坡底。這次牛快爬上梁頂時，殷玉珍一下子躥了起來，雙手緊緊拉住了牛背上的樹垛子。

太陽偏西時，丈夫從一座沙梁上跑下來接她，殷玉珍一下子癱在丈夫的懷裡，丈夫也心疼地掉淚了。白萬祥卸著樹垛子，一面說：「你回去歇著哇。」殷玉珍說：「這樹苗子不栽進沙裡，我咋歇得下？等多時井背塘的沙漠綠了，我再歇！」這天，當他們栽完樹苗時，已經是後半夜了。

第二天天不亮時，殷玉珍又吆上牛悄悄上路了。

殷玉珍已經記不清有多少這樣的凌晨和夜晚，她都是一個人勞作在茫茫的毛烏素沙漠裡，打網格，栽草種樹，給苗木澆水。而她呢，渴了喝口沙漠中的泉水，餓了啃點從家裡帶來的乾饃，累了就躺在沙裡歇一會兒。她嫌來回回家浪費時間，索性就搭個窩棚住在沙漠裡種草種樹。

殷玉珍苦不怕，累不怕，就是受不了一人待在靜悄悄的沙漠裡難以忍受的孤獨。她清楚地記得有天下午她在植樹時，遠遠看見沙梁上有個人在走動，她亮開嗓子招呼人家，那人好像沒有聽見，直直地走了過去。殷玉珍這才記起，她已經有兩年多的時間沒有見過生人了。

後來，殷玉珍有了孩子，在懷孕的日子，她也一天沒有耽擱種樹。她的兒子就在她種樹時早產了。殷玉珍給他取名叫國林。意思是孩子是國家的樹苗苗。國林剛剛滿月，殷玉珍就又走向了沙漠。她常從十幾里外的工地上往家中跑，把哭鬧的孩子抱一抱，餵一餵，還得狠下心來回到沙漠中去。

當國林長到十四歲時，殷玉珍家的房前屋後已經有了一片片濃郁的樹林，這裡已經成為國林領著弟弟、妹妹嬉戲玩耍的樂園。十餘年下來，殷玉珍插樹栽子的鋼釺被沙漠生生磨短了一尺多。

直到二〇〇〇年，井背塘仍無路無電，外面很少有人走進殷玉珍的世外桃源。多年來，村委會、鄉政府和林業部門的人只是斷斷續續地聽說，「白家的小媳婦子真把樹栽活了」，「井背塘那個陝北婆姨樹種得連成片了」。政府支持

樹苗子，殷玉珍每年春秋植樹的時候，總會趕著牲口來苗圃拉樹苗子。舍此之外，殷玉珍沒有向政府提出過任何資金要求。

殷玉珍的事情引起了一個人的注意，那就是時任河南鄉黨委書記的曹文清。曹文清決定親眼去看一看。當他帶人翻越一座座沙梁走進井背塘時，人們一下子驚呆了，好像一下子走進了一個美麗的童話世界裡。人們粗粗算了一下，殷玉珍的樹草面積足有四萬多畝。

曹文清見鄉上出了這麼個能幹的治沙女人，十分高興，索性動員她：我看你就把井背塘餘下這幾萬畝荒沙也全承包了吧，國家有政策，誰種誰有。鄉上和林業局給你提供樹苗子，優質草種，我們也向上級爭取，給你這裡通路、上電、打井。殷玉珍高興地說：「行，我潑出去再把鋼釬子磨短一尺，把井背塘的荒沙全綠化。」

殷玉珍說到做到，不到五年的時間，她又綠化了兩萬餘畝。有關部門在此期間，給井背塘修了路，通了電，打了井，使殷玉珍的治沙速度突飛猛進。二十多年來，她和丈夫白萬祥總共在茫茫的毛烏素沙漠播綠六萬餘畝，把井背塘建設成了一個綠樹婆娑、草肥花香的綠色王國。而殷玉珍和丈夫付出的是整個青春年華，用殷玉珍的話來說「我倆落了一身零碎病」。

在曹文清的關心和運作下，媒介來了，領導、專家來了。媒體一下子把殷玉珍推向了全市、全區，全國，而且聲名遠播國外。許多外國人不遠萬里來到毛烏素沙漠的腹地，只是為了親自看一眼這個綠色傳奇，看一眼這個傳說的東方女人。

這天，寶日勒岱來到了井背塘。她望著綠浪起伏的井背塘，不禁熱淚盈眶。她摟著殷玉珍瘦弱的肩頭，動情地道：「孩子，在這大沙窩子裡種下這麼大一片林子，你得吃多少苦啊！」那天，寶日勒岱把殷玉珍緊緊擁在身邊，殷玉珍就像俯在媽媽的懷中，激動得泣不成聲。

這位東方女性的綠色傳奇感動了中國，感動了世界。現在的井背塘已經成為世界防止荒漠化組織和各類綠色組織關注的地方。殷玉珍先後獲得了全國勞動模範、全國三八紅旗手、全國十大傑出女傑等榮譽，還有一些她聽也沒聽過的世界組織授予她的榮譽稱號。她也多次走出國門，在一些國際講壇上介紹自己的綠化治沙，讓世界更多的人知道了綠色的毛烏素，綠色的井背塘。

二〇〇六年，殷玉珍和世界許多政要、各類風頭人物一起成為諾貝爾和平獎提名候選人。

我二〇〇八年夏天採訪了殷玉珍，那時她剛當過北京奧運會火炬手，臉上洋溢著難以掩飾的幸福和驕傲。那天，我們交談的話題是井背塘的未來發展。殷玉珍告訴我，現在井背塘的環境好了，畜牧業和種植業都能發展了，得學會自己掙錢。

她告訴我，她現在就是想致富。她現在已經辦了一個公司，註冊了井背塘的綠色產品，現在還想辦個生態旅遊公司，讓人們到井背塘來休閒、度假、觀光。

她說：「你不知道，井背塘現在太美了，綠油油的喜人著哩。」我說：「毛烏素沙漠的大環境變了，單單的綠色已經不能稱其為特色了。」殷玉珍說：「可不是，咱這烏審旗現在走到哪都是綠油油的。要說前些年我那挺出超的，現在看來真都差不多了。」

的確，毛烏素沙漠綠了，那些最早開放的報春花們被淹沒在鋪天蓋地的蒼蒼綠色中，在綠草藍天中，我們已經很難分出哪塊草更綠，哪片天更藍了。

殷玉珍又說：「我那城裡人見不到的希罕物兒多哩，狐狸、野兔、刺蝟、獾、山雞、百靈還有叫上來名的鳥啊多著哩，光樹上草裡的蟲蟲牛牛，都讓城裡的娃娃們看不夠哩。你去去就知道了，好多外國人都喜歡得不行哩！」我對

殷玉珍說：「我一定要到井背塘去看看。」

二○一○年的夏天，我從嘎魯圖鎮出發，沿著一條新開闢出來的公路，一路南行，朝著井背塘馳去。這條新建的一級道路是鄂爾多斯東方路橋集團投資建設的，直通巴圖灣水庫和薩拉烏蘇旅遊開發區，這是烏審旗建設文化旅遊長廊的重要通道。從汽車上望去，綠海蒼蒼直逼白雲藍天。聽著音樂，欣賞著路兩邊的草原風光，心中非常愜意。

車子飛快地行馳著，我忽然發現道路南面被綠色覆蓋的沙漠被推土機推開了，大片大片的黃沙露出，顯得非常刺眼。我再仔細一看，至少還有幾十輛推土機在綠色沙漠中隆隆作業。我急忙讓司機停車，想瞭解一下這裡是什麼工地。與我同行的邵飛舟告訴我，這裡是蘇力德苗木培育基地，是由一個企業投資修建的，明年就要投入生產，他們現在開始平整土地。我說把這些草場推了挺可惜的。邵飛舟說，提高烏審旗毛烏素沙漠的林分質量，必須依靠企業的力量，而且企業將越來越成為治沙的主體。他說：我搞了幾十年林業，這個體會太深。明年你再路過這裡，肯定是另一番氣象。

車過巴圖灣，沿著無定河南岸的一條沙漠公路一直向西行。公路兩側林草蔥蘢，土地平整，幾台威猛特噴灌機正在轉著圈子噴水，而田間根本看不到人在忙碌。邵飛舟說，這一帶就是爾林川村，殷玉珍家靠無定河南岸的大沙漠。我朝北看了看，果然有些蒼蒼茫茫的。

邵飛舟說，殷玉珍治住了沙，很有號召力。周圍的群眾都學她的樣子，積極承包荒沙地植樹造林。新世紀初時，無定河兩岸森林覆蓋率還不足百分之三十，現在已經提高到百分之七十，十年翻了一番還多。植被覆蓋率也由百分之四十五提高到了百分之八十五，翻了快一番。現在沙是治住了，主要是解決林分草分的問題，林分草分問題解決了，經濟效益就彰顯出來了。

車走進了一條向北的岔道，仍是一條筆直的油路，邵飛舟告訴我，這條路直通井背塘，也可以說是專為殷玉珍修的。走著走著，看見路中央樹著一個彩坊，上面寫著「玉珍沙漠生態園歡迎你」，殷玉珍的生態園真是辦起來了。不時有汽車與我們迎面錯過，看來來這裡參觀的人還是不少。

　　不久，一座藍頂白牆的小樓出現在眼前，我想這一定是殷玉珍的新居了。果然見到殷玉珍在樓前笑眯眯地等著我們。

　　殷玉珍領我們進了沙漠，幾乎全是徜徉在樹林和花草間。她告訴我們，她現在最大的感受是春天颳大風時，沙子再也起不來了，狂風在林子間亂竄，嗚嗚地乾著急。這樣，六百多畝水澆地、果園、樟子松基地全都不用擔心被沙壓了。畜牧業也搞起來了，現在養了四十多頭牛，二百多隻羊，光農畜產品的這塊收入每年都在小二十萬。殷玉珍現在的農副產品都註冊了自己的商標，叫漠海牌。殷玉珍解釋說，我的意思就是沙漠的寶藏就像大海一樣豐富。我們都說好。

　　殷玉珍說：「我的這些農副產品，早就讓人家訂下了，連烏審旗都出不了就買光了。現在收割種養基本實現了機械化，只是能不能擴大生產規模，這還是要諮詢專家和領導。」邵飛舟說：「不錯，別看這地方綠油油的，生態實際上很脆弱，千萬不能搞規模開發。」殷玉珍說：「我也有這個擔心。過去沒多少草樹時，下濕地總是水汪汪的。現在呢？抓把土都是乾巴巴的。還得經常補水，你們說，這是咋了？」她說著，彎腰抓起一把沙子給我們看，果然乾乾的成碎末狀。

　　我諮詢過烏審旗林業局的一些林業專家，他們普遍認為，在烏審旗這樣一個乾旱地區，水的蒸發量數倍高於降水量，應逐漸從粗放型的綠化治沙，轉到經濟型的管沙、用沙上來，以利於地下水的保護。應有序地淘汰固沙用的先鋒樹種，用針葉林漸漸代替闊葉林，以減少對地下水的抽取使用，提高沙漠的涵

養水源作用。

　　記得去年夏天我採訪旗林業局高級工程師馬工，這位七旬開外的林業專家對我說過這樣一句話：「任何林木都有吸水和涵水的作用，關鍵是保持一種平衡，得讓林木的根部表面土壤保持一種自然的潤濕狀態。」

　　現在殷玉珍也在考慮這個問題，烏審旗的掌門人張平同樣也在考慮這個問題。有的專家給我說過，最好是能夠打造自己的小氣候，有了豐沛的林木，不光能夠蓄水，而且能夠引水，讓被蒸發走的水汽再降回來，不斷補充地下水。林木多的地方，相對濕度低，易產生冷空氣，與熱空氣對流產生降水。也有專家研究了近些年鄂爾多斯和烏審旗的降水和氣象情況，認為鄂爾多斯和烏審旗的小氣候正在形成。

我感覺鄂爾多斯和烏審旗的降水是比以往多了一些，尤其是烏審旗，在今年內蒙古西部異常乾旱的情況下，仍是降雨不斷。今年夏天，我在毛烏素沙漠裡採訪，過個把星期準能遇到一次痛快的降雨。和當地的農民交談時，人們也是喜滋滋的。天降甘露是最好不過的，在毛烏素沙漠生存的萬類都能受到水的恩澤。

殷玉珍帶我們爬上了一座高沙梁，站在上面一看，井背塘的全貌盡收眼底。那望不盡的延綿綠色全是眼前這個女人拿著鋼釺子捅沙漠栽樹栽子栽出來的。二十五年了，多少個狂風呼嘯的白天，多少個星斗滿天的夜晚，她就是這樣孤單單地在大沙漠上播種著生命的綠色，究竟是什麼在支撐著這個不知疲倦的女人？

殷玉珍告訴我們，她要在這裡建一個瞭望台，能夠監測火情。她興致勃勃地說，除了防火，還可以觀景。要讓城裡來的人，還有外國人，能夠清清楚楚地看見她的井背塘。她對我說：「站在高處一看，好爽快，覺得活得有價值！人得愛天愛地愛家！」

夏天沙漠中的太陽太毒辣了，殷玉珍催我們去她家休息。我們回到了那棟漂亮的二層小樓，殷玉珍告訴我們，這幢小樓是她的第四代住房了，那間小土窨子她還保留著，她說，得讓後輩子孫們知道他們的老先人當年是咋過生活的。這片好天地，可不是天下掉下來的。她告訴我，這幢樓是旗政府幫助援建的，旗裡的領導、幹部都集了資。眼前這條小油路，也是市裡出資修的。那天通車時，鄂爾多斯市委書記雲光中親自剪綵，雲光中說：「勞模不能總受苦，勞模要有新生活。」殷玉珍激動地說：「我一個鄉下女人，政府能這樣幫助咱。我只有多種些樹，把附近的大荒沙全種上樹，報答政府。」

她指著附近一個大餐廳，說：「這是我籌資修建的。過去來志願者、參觀者時，總愁吃喝的地方，現在條件好了，我這能同時接納幾百人吃喝。這些

年，光接待來這種樹的志願者每年都得有幾千人。你們來時，剛送走一批日本人，十號要來一些韓國的學生娃。我二十號還要去蒙古國，下個月還要去韓國，參加防治荒漠化國際會議去領一個獎……」後來，我才知道她去韓國領取的是國際水環境「蓋婭」獎。

殷玉珍就是這樣從井背塘走向世界的。越來越多的國際化活動，越來越複雜的公司企業化管理，讓她感到學習的重要，她想靜下心來去讀讀大學，可惜的是擠不出時間。接待國內外的媒介，接待海內外的志願者，還有公司內部的經營管理，讓她感到分身乏術。

殷玉珍說起這些志願者，跑到這井背塘來植樹，有的還是一些上高中上大學的年輕孩子，他們哪能吃了這些苦。我說，當年你向沙漠宣戰時，不也是十八、九歲？殷玉珍說我是讓沙子欺負得活不下去了，我說現在的孩子們要是沒有防止荒漠化意識，早晚也得跟你當年一樣，讓沙漠欺負得活不下去！殷玉珍說好多開會的專家都在這樣說。我說這就是井背塘給世界的意義。

說起國內外的眾多志願者中，來自德國的托馬斯和法國的弗洛倫斯讓殷玉珍印象特別深刻。「他們特別節約用水，用洗完臉的水來洗腳，洗完腳後再拿去澆樹。」殷玉珍說，「他們知道水是沙漠裡最珍貴的東西。」

最使殷玉珍難以忘懷的是，幾年前美國自由民基金會的賽・考斯基先生來她林地上種樹並資助五千美金。據報導這件事情的記者寫道，這個美國人拉著殷玉珍的手，流著淚說：「您是我見到的最了不起的中國農民。」

「人家美國人來井背塘種樹，還給我捐款，我該表示點什麼呢？」殷玉珍說，「我給他繡了兩雙鞋墊，這是我千針萬線縫成的，送給他和他的妻子。賽・考斯基說，他回到美國後，要用鏡框把它裝起來，掛在牆上。」

我從報紙上知道，這個自由民美國人還留給殷玉珍這樣一段話：「你和你

的丈夫是中華民族的驕傲，你們是真正的英雄，是所有熱愛大自然、熱愛自己國家者的楷模。我永遠忘不了你們。」

殷玉珍邀我們到餐廳用餐，這個大餐廳面積很大，就像一個大禮堂，窗明几淨，非常通風。一面牆壁上掛著她獲得的各種獎勵和照片。殷玉珍的孩子們給我們端上了玉米、南瓜、毛豆、水果及各樣菜餚，她說：「都是自家地裡產的，絕對的綠色食品。」我結識了殷玉珍的兒子、女兒還有兒子的女朋友——她來自南方的一個城市，有著南國女兒的婉柔，我問她喜歡井背塘嗎？她點了點頭。

臨走，我送給了殷玉珍一本書，那是我出版不久的《人間神話——鄂爾多斯》，我說：「這上面記載了上次咱們在烏審旗時的談話。」她說：「真的？」高興地接了過去，又說：「以後來哇。咱這兒的食品都是綠色的，起風也沒沙子了。」我點點頭說：「我一定會來的。」

今年夏天，我陪內蒙古自治區文聯主席巴特爾和文化部中國世界文化促進會的馬小枚會長去薩拉烏蘇「河套人」遺址參觀，在無定河的南岸，又一路領略了殷玉珍和烏審兒女創造的綠色風采。

這次我們是從上游進入薩拉烏蘇河谷的。薩拉烏蘇村的黨支部王書記老王帶我們進入河谷參觀，這條河谷出土過許多古生物化石和新舊石器時代文化遺物。老王現在負責給來參觀的客人當導遊，他先領我們沿石梯下溝底，半坡上，領我們參觀了發現「王氏水牛」的地方。

那是一片塌陷的土坡，老王告訴我們，將近一百年前比利時神父德日進就是在這裡發現了一個水牛化石。當時住在這河谷裡的蒙古人王楚克一家對其幫助很大，為了開挖這塊化石，王楚克的女婿因被塌陷的沙土掩埋而身亡。為了紀念王楚克一家人對考古學的貢獻，國際考古學界把薩拉烏蘇水牛化石定名為「王氏水牛」。老王說：「『王氏水牛』也是迄今為止發現的最早的水牛化石，

咱這溝裡盡寶貝。現在這裡是國家的重點文物保護單位，隨便動一塊土都不行。」

我們沿著河谷前進，薩拉烏蘇河在這條溝裡就是一條淺淺的小溪，河兩邊是沙子，濕汪汪的。老王告訴我們，薩拉烏蘇河的主要補水就是靠河邊的沙漠滲水，無定河兩岸的毛烏素沙漠就是一座大水窖。我們果然看到河邊的沙子裡有泉水細細地往外滲透。

我問老王：「前幾日，聽說這條溝裡有眼喊泉，人一呼喚，那泉眼就往外湧水，真的假的？」老王笑道：「這不就是那眼喊泉？」他用手指了指我們面前那細細滲水的一片沙子。我說：「真的？」接著便大喊一聲，果然見那水沙立即翻開了泥泡，水流眼見著增多了。大家稱奇，都扯開嗓子大聲喊叫開了，隨著這聲聲叫喊，那片水沙泥泡越翻越大，周邊的水沙也鼓開了泡泡，泉水汨汨地湧了出來——大自然真是神奇。

我對巴特爾說：「鄂爾多斯沙漠裡這多自然奇觀。北有響沙，南有喊泉。」巴特爾說：「這個喊泉應宣傳出去。」

在返回巴圖灣薩拉烏蘇賓館的路上，我們又穿行在草木茂盛的沙漠之中，路上我給巴特爾講，殷玉珍就住在附近。他問殷玉珍現在怎麼樣？我說據我手頭掌握的情況，殷玉珍現在已經實現了由「防沙治沙」到「沙裡淘金」華麗轉身，開始進行公司化運作和經營。主要生產經營有機食品，她的品牌農副牧業產品因為純天然無污染，非常應和現代人追求綠色有機食品的需求，銷路非常好，聽說她公司的品牌小米已經買到了三十元錢一斤，還是供不應求。去年，殷玉珍公司的銷售額已經達到一百餘萬元。

巴特爾說我們應該去殷玉珍那兒去看一看。馬小枚也贊同巴特爾的意見。可我擔心殷玉珍社會事務太多，人不在井背塘。巴特爾有些遺憾地說，就是看看她治理的沙漠也好。這時，為我們開車的司機說：「我們剛才就路過了井背

塘，咱們見到的林子大都是殷玉珍綠化的。」我們恍然大悟，不禁笑了起來。

三、給沙漠點顏色看的女人們

2004 年春節期間，殷玉珍接待了一對蒙古族夫婦。男的叫烏拉，女的叫烏雲斯慶。殷玉珍問：「你就是河對岸的烏雲斯慶，領著一群蒙古族姐妹開進烏蘭溫都爾大沙漠治沙的烏雲斯慶？」烏雲斯慶點了點頭。殷玉珍一把抱住她，說聲：「我的好妹子，你咋敢哩？咱是女人，姐要不是讓沙漠差點欺負死，我才不……」

烏雲斯慶道：「就是你說的這句話，才把我們姐妹鼓熱的哩！人家河南面的殷玉珍能降住沙，咱為什麼不能？我們在河對岸就能看見你這裡的綠，敬佩死你了！你看你這兒多好，我們烏蘭溫都爾大沙漠多咱能像你這樣呢？」

殷玉珍道：「你們人多力量大，還愁建不成我這樣子？也就是三五年的時候，幹起來，快著哩！咱以後隔著河拉話，我唱信天游，你唱蒙古歌，咱們比著幹……」烏雲斯慶點了點頭，她這一生最佩服的女人就是寶日勒岱、殷玉珍。

2008 年的夏天，我採訪過烏雲斯慶，那時她已經榮獲全國三八紅旗手、全國十大綠化女狀元和福特汽車國際環境保護獎等榮譽稱號。烏雲斯慶是典型的蒙古族女人，圓臉龐，高顴骨，臉頰上透著高原紅。她用生硬的漢語跟我交流。我想聽烏雲斯慶講她的治沙故事，她卻給我講社會各界給她的鼓勵和幫助。她斷斷續續地講著她的治沙，講著講著又講起了鄂爾多斯市有位溫州籍女企業家對她和十二位治沙姐妹的幫助。「她從東勝來專門給我們送了衣服」，

烏雲斯慶道。「幾十套衣服，一次。」這是烏蘭溫都爾的治沙姐妹們所接受的社會上最大的一筆援助。蒙古女人知道感恩，烏雲斯慶在給我短短的兩個小時的交談中，至少有三次談起這件事情。

烏雲斯慶的家在烏審旗蘇力德蘇木昌煌嘎查，那裡有一片高高的大沙漠，蒙古人稱之為「烏蘭溫都爾」，翻譯成漢語就是紅色的大沙梁。顏色發紅的大沙漠，比起白沙漠、黃沙漠來更會讓人感到「旱地生煙」。夏天，人要靠近它，就好像來到了《西遊記》中西天取經路上的「火焰山」。有位沙漠通曾經告訴我，沙分三種，白沙、黃沙、紅沙，論治理沙漠的難度，烏蘭溫都爾可謂沙漠中的「極品」。

烏蘭溫都爾紅沙梁緊靠無定河。多少年來，這片紅沙梁，就像紅色的怪獸，吞噬著綠色的牧場，驅趕著當地的牧民。

一九九九年，剛剛從嘎查村委會主任位置退下的共產黨員巴音耐木扣主動請纓，承包了這片荒沙。他對兒子烏拉和兒媳烏雲斯慶說：「我退休不當主任了，正好拿出全部時間，治治這匹紅野馬。」烏拉和烏雲斯慶都支持老父親這一舉動。

然而，烏蘭溫都爾大沙漠猶如一匹不可馴服的烈馬，讓巴音耐木扣老人和家人飽嘗了它的「暴躁脾氣」。它把剛剛栽下的樹苗連根拔走，把辛苦栽下的草木連頭掩埋，讓他們付出的所有心血、資金全部化為烏有。僅僅一個春秋過去，耐木扣老人就花光了家裡所有的積蓄，甚至把變賣牲畜的錢也換成苗木投了進去。這一切都被烏蘭溫都爾一口吞噬了。

面對如此現狀，耐木扣老人並沒有洩氣。他試圖嘗試聯戶入股治沙，聚積更多的力量和資金降服烏蘭溫都爾荒沙。當時聯合國正好有一個環境治理的扶貧貸款項目（SPPA），耐木扣老人希望家裡人聯合動員嘎查的牧戶申請這個項目，共同治理烏蘭溫都爾。老人說：「烏蘭溫都爾不治早晚是個害，留下它禍害子孫哩！」烏雲斯慶當即表態：「阿爸，我們支持你！我和你一起去動員牧戶入股，共同治理烏蘭溫都爾！」

耐木扣老人正想率領人們再次治理烏蘭溫都爾的時候，沒想到病魔卻向他忽然襲來，二〇〇〇年十二月十五日，老人帶著對綠色事業的無限眷戀離開了人間。

烏雲斯慶對烏拉說：「阿爸的遺志我們要繼承，咱得把治理烏蘭溫都爾的事情繼續辦下去。」烏拉支持了妻子。

烏雲斯慶聯繫了嘎查十二名婦女，成立了烏蘭溫都爾項目組，自己擔任組

長。並取得了「SPPA 小額信貸項目」的三萬元貸款。為了治沙，每個姐妹還出資四千元，交給烏雲斯慶，算是入了股。有些男人想不通，這紅沙梁是女人能進去的？還植樹種草？甭是做美夢吧？還有的說，女人們能成甚事體？等把四千塊錢扔進紅沙梁裡，就哭著鼻子回來了。烏雲斯慶她們說：「等天熱了你們來紅沙梁裡看！」

她們給自己起了個名字叫「烏雲溫都爾聯合治沙站」，這是一種以經濟形式為紐帶的股份制治沙組織。烏雲斯慶對姐妹們說：「咱女人在烏審旗的大沙漠裡治沙出了大成就，像寶日勒岱大姐，那是全中國的英雄！人家殷玉珍，就

綠海中的烏雲斯慶夫婦

在咱們的河對面，一個人治了幾萬畝沙子。現在咱們這邊還是火焰山，人家已經成了花果山，同是女人，我們為什麼做不到？」那年烏雲斯慶剛剛三十歲。

烏雲斯慶與十二位姐妹走進了烏蘭溫都爾沙漠，那是新世紀開始的那年春天。她們頂著風沙築網格沙障，在網格內栽種沙柳，沙蒿，樹苗。姐妹們餓了吞口炒米，渴了喝口涼水。晚上姐妹們就擠在一頂破帳篷內休息，用身體相互取暖，沙漠的夜晚非常冷，常常把她們凍醒。有時遇到下雨天，姐妹們更慘了，那舊帳篷頂不住風雨，個個渾身濕淋淋的，磕打著牙齒瑟瑟發抖。沒幾天，就有病的，甚至有想打退堂鼓的。烏雲斯慶鼓勵姐妹們說：「人家河對面

殷玉珍咋抗過來的？人家不是女人？咱們現在不苦熬苦受治住沙子，子孫後代們怕是連個放羊的地方都沒有了。姐妹們，咱就當為後代兒孫受苦了！」

為了烏蘭溫都爾的未來，為了孩子，這永遠是女人們最原始的永動力，她們什麼樣的苦都能吃，什麼樣的罪都能受。烏雲斯慶和十二個姐妹們在烏蘭溫都爾的風雨之中，還輕輕哼起了歌……

十五的月亮呀

是天空的燈籠呀

十五歲的蔚琳花呀

是四鄰的燈籠呀

金色的太陽呀

是天空的燈籠呀

十八歲的蔚琳花呀

是眾人的燈籠呀

這是鄂爾多斯蒙古女人們最愛唱的一首古歌《蔚琳花》，它讓這些女人們想起光芒四射的少女時光，身上激盪起青春活力。

烏雲斯慶在烏蘭溫都爾沙漠裡建了一所大工棚，名為治沙指揮中心，實為治沙姐妹們棲身休息的地方，每年四到十月大家都在這裡居住。當時在烏蘭溫都爾紅沙漠裡蓋這麼個工房十分不容易，為了省錢，烏雲斯慶只請了一位木匠，剩下的全是姐妹們自己動手幹。紅沙漠裡沒有路，沒有水，建房物料只能

從十幾公里以外的家裡一背一背背過來，就連人們生活用水、建築用水也全是趕著毛驢車艱難地一車一車拉進來的。工棚建起來了，在大沙漠栽了一天樹草的女人們，總算有了一個躲避風雨的地方。

休息好了，姐妹們植樹種草的幹勁更足了。頭一個春季，烏雲斯慶和姐妹們完成了人工造林近五千畝，還在所有造林地塊設置了沙障。到了夏天，新栽的羊柴、花棒、楊樹苗兒長得鬱鬱蔥蔥，烏蘭溫都爾沙漠第一次有了綠色。男人們看到了這樣的情景，說聲：明年春天，我們也來跟著你們植樹種草。姐妹們那個笑啊，終於看到了勞動果實，收穫了尊嚴。

烏雲斯慶她們在烏蘭溫都爾種活樹草的事情，很快在烏審旗大地傳開，她

烏雲斯慶與治沙聯戶

們的造林事蹟也受到了政府及林業等部門的獎勵和技術與資金的扶持。旗里一位副旗長看了她們在紅沙梁的綠化種植後，當場批撥一萬元給予支持。「SPPA小額項目信貸」每年給予烏雲斯慶三萬元的項目貸款支持造林治沙。她同時還被旗林業局確定為五千畝以上的造林大戶，給予政策、資金和苗木籽種的幫助。這給了烏雲斯慶和她的十二個姐妹極大的鼓勵。

為了提高烏蘭溫都爾大沙漠的治理速度和治理質量，烏雲斯慶常常向林業科技人員和有經驗的造林大戶取經，運用到自己的造林實踐中。根據烏蘭溫都爾的沙漠特性，她們選擇適宜在紅沙梁生長的喬灌木，平地硬梁種檸條、紫穗槐，大沙梁上種羊柴、花棒，巴拉地丘種植楊樹、柳樹，並及時設置沙障防止流沙移動，還採用了拌泥栽植、袋裝栽培、地膜覆蓋等節能保墒技術，大大提高了造林成活率。十年過去，烏雲斯慶她們承包的紅沙梁四萬餘畝荒沙已全部披上綠裝，當年滿目荒涼的「火焰山」上樹木繁茂，綠草翻浪，飛鳥鳴囀，野兔出沒，成為毛烏素沙漠上的一道風景，並且迎來了無數的參觀者。人們都為烏雲斯慶和她的姐妹們創造的治沙奇蹟折服。

俗語說，十年樹木，植樹種草治沙是一項投入大的項目。像許多造林大戶一樣，烏雲斯慶也承擔著資金緊缺的壓力，紅沙梁吞進了她們所有的資金。烏雲斯慶為了治沙負債纍纍，像許多治沙大戶一樣，雖擁有萬畝綠色，日子卻總是過得緊巴巴的。為了不中斷治沙，烏雲斯慶四處奔波，爭取上級和社會支持。

怎麼樣才能治沙又致富呢？烏雲斯慶和姐妹們規劃著這塊紅沙梁的明天。她們必須向荒沙要收入，要效益，走以林養林、建設養畜之路。希望就在這片沙漠之上。她們對烏蘭溫都爾做了詳細規劃，要開發水澆地一千畝，新建育肥棚舍一萬平米，年育肥出售牛羊一千頭，在最短的時間內使每個家庭在沙漠中獲得純收入一萬元以上。

二〇一〇年春天，烏雲斯慶忽然病倒了。經醫院檢查，她不幸患上了膠質瘤。巨額的醫療費用讓她一家不堪重負。得知烏雲斯慶的困境後，烏審旗團委、婦聯等部門立即聯繫社會各界和企業，為她做愛心捐助，募集資金近十四萬元，使她及時得到了手術治療。

烏雲斯慶患病的消息我是今年春天才從報紙上看到的，當時我正在毛烏素沙漠上採訪，便急切地向與我同行的旗委辦公室副主任折海軍打聽消息。他告訴我，烏雲斯慶的手術非常成功，術後恢復得也很好。我問烏雲斯慶在烏審旗嗎？現在能接受我的採訪嗎？折海軍打電話聯繫了一通，告訴我，烏雲斯慶正在家裡，現在身體恢復得不錯。我馬上驅車去蘇力德蘇木昌煌嘎查烏雲斯慶的家。

初春的蘇力德草原，從遠望去已經看見草尖上飄浮著忽隱忽現的淡淡綠色，只待一場春雨，草原將是綠意盎然、萬紫千紅了。公路兩側的油松挺拔蒼翠，砍頭柳的枝條透著嫩綠搖動在四月的春風中，不時有野兔在路邊的草叢裡跳躍，還有美麗的野雞出沒於草灘中間。不時看到有植樹栽草的人們在沙漠上忙碌著，澆水車在沙梁梁上汩汩地灑著水，還有許多女人扛著樹苗子在車旁走來走去的。

折海軍告訴我，凍土剛消，人們就忙活上了。林木產業已經成為農牧民的重要收入，現在人們植樹的積極性高，主要是企業的介入。綠化造林一進入市場領域，過去碰到的許多疑難問題就迎刃而解。

車窗外，草原開闊，直通遙遙的藍色天邊。

烏雲斯慶的家就坐落在一片開闊的草地上。烏雲斯慶的狀態比我想像得要好得多，精神頭挺好，比上次見她顯得更幹練了。我們用蒙古族的禮節向互問著好，烏雲斯慶和烏拉高興地把我們迎進了屋。

祝福烏雲斯慶一生平安

　　烏雲斯慶說她病了，社會上好多好心人都發善心幫助她，治這個病得花大錢，一下子用去了幾十萬，是好心人善心人幫助她度過了難關。烏雲斯慶非常感動地說：「蘇木的領導，旗裡的領導好著哩，他們都拿出自己的工資幫助我。」

　　烏雲斯慶指著坐在屋裡的幾個青年人，原來這幾個青年人都是鎮上的幹部和嘎查裡的大學生村官。他們告訴我，蘇木的領導很關心烏雲斯慶的病情，並組織了機關幹部捐款幫烏雲斯慶治病，讓她安心治病。可她總是惦記著烏蘭溫都爾的治沙。我們都勸烏雲斯慶一定要好好休息，等身體徹底恢復了，再和姐妹們一塊治沙。

　　烏雲斯慶說：「我心是這麼想的，可腿不是這麼想的。咳，現在植樹種草的季節好著哩，要不是他攔著，我早上了烏蘭溫都爾。」她指了指烏拉。烏拉

憨憨地笑了笑說：「醫生說，你就是累著了，得安心靜養。」烏拉告訴我們，現在烏蘭溫都爾百分之八十的沙漠全綠化了，剩下的一些遠沙也被控制住了。紅沙梁上一長起樹，就顯得不高了。你看今春上這麼大風，也不見一點沙子了。這地方和十年前大不一樣了。

我問收入怎麼樣？烏拉說：「造林治沙現在看著還賠錢，貸款還沒還上哩。尤其是她這一病，收入還是受了影響，去年每人平均一萬多元錢的收益。林子裡楊樹有點多了，經濟效益不明顯。」烏拉淡淡地說著，烏雲斯慶靜靜地聽著。

鎮上的幹部告訴我，蘇木正根據旗裡的要求，在這裡搞林權改革，烏蘭溫都爾已經確定了二萬畝公益林。每畝按照二十元的補償標準，每年有多少收入？還有草場補貼……旗裡的政策是不能讓造林大戶、治沙大戶吃虧。

烏拉說：「政策是好政策，我們就等著趕緊還貸款哩。跟著我們的造林戶們就等著兌現錢哩。」烏雲斯慶說：「你急甚？有政策哩！」烏拉說：「沒錢的掌櫃不好當哩！」我們笑了起來。

結束了採訪，烏雲斯慶和烏拉拉著我照一張相。烏雲斯慶說她有一個像夾，留著她和社會上的領導、專家老師們的照片，她沒事時就翻出來看一看。

臨走時，我叮囑她好好養病，她聽著，一面點著頭。我們的車走出老遠，我看見她還站在草原上向我們招手，遠處的烏蘭溫都爾好似一條淺淺的起伏雲朵，而草原上的烏雲斯慶，在我的眼前越來越像一座高聳的山，我衷心地祝福她的綠色夢想長久。

在毛烏素沙漠裡，還流傳著一個「瘋女」治沙的故事。

二〇〇三年時，浪騰花已經四十出頭了，人卻拉著丈夫一同辭掉了公職，一頭紮進了沙漠裡。有人說她瘋，有人說她傻，她說：「我不在乎別人怎樣看

我，我知道我自己在做什麼。」

浪騰花的家鄉，在烏審旗嘎魯圖鎮和烏蘭陶勒蓋鎮打交界的地方，叫布日葉慶，是一塊出了名的沙漠。布日葉慶沙漠瘋狂地吞噬著周圍有限的農田、牧場和農牧民的家園，成為毛烏素沙漠中的瘋沙、惡沙，人們望而卻步，四週一片荒蕪。

在布日葉慶沙漠中艱難掙扎的農牧民們，有的拋棄了土地牧場到別處謀生，有的艱難地種著小片荒、放著幾隻羊，更多的青年跑到了城市打工，家中的老人孤苦地守著那幾間破土房。人們無心生產，因為咋干也填不滿瘋狂的布日葉慶沙漠的肚子。村子裡醉漢到處晃，閒漢東陽坡曬到西陽坡，隨著太陽打轉轉。這滿目的荒涼，讓浪騰花看得心酸，心疼。有親戚羨慕地對她說：「你算混成了個人樣樣，總算離開了這兔子不拉屎的窮地方。」

進入到新世紀了，咋布日葉慶還是上世紀七〇年代的老樣子？那時，全旗上上下下正在醞釀打造「綠色烏審」，浪騰花不願意見到自己的家鄉成為「死角」，成為被現代綠色文明遺棄的地方。

浪騰花找嘎查領導說明要承包那片誰也不要的五千畝荒沙，領導以為她在開玩笑：「你放著機關的工作不幹，非要治理沙漠？真的瘋了？」浪騰花道：「我只是看見自己的家鄉成了這個樣子，心裡難過。自己的家鄉自己不治理，我們還是熱愛自己家鄉的蒙古人嗎？」嘎查領導們被感動了，非常莊重地和浪騰花簽訂了承包合約。

浪騰花和丈夫開始了與沙漠為伍的日子。明晃晃的大沙丘，一座接著一座，樹苗子全靠人背上去，那份艱難，那份孤單，都是常人難以忍受的。植樹時節又是大風常起的日子，浪騰花背著樹苗子翻沙梁，常被大風連人帶樹苗子掀到沙丘底下，喘口氣接著再往上爬。浪騰花流過眼淚，但每次擦乾眼淚又繼續背著樹苗子翻沙梁，一點一點地使綠色延伸。

浪騰花在機關當過幹部，接受過許多新事物，她知道一家一戶單打獨鬥是不能徹底改變毛烏素沙漠的面貌的。她想成立一個治沙公司，組織更多的人進入治理沙漠的事業中來。她是認準了絕不回頭的人，她把家中所有的二十餘萬元積蓄全用在了治沙上。蒼天不負有心人，第二年春天，他們承包的荒沙丘幼樹苗成活率非常高，在新春中綻放的嫩葉，就像草原上的報春花，向人們宣告著，布日葉慶沙漠，從此有了綠色的春天。

看到浪騰花在布日葉慶沙漠收穫了綠色，周邊的牧戶們也產生了治沙的萌動，浪騰花主動地與他們商議，與十幾家牧戶共同成立了治沙公司。浪騰花說：「利用公司的力量治理沙漠，恢復生態，會給我們的家鄉帶來富裕和吉祥。」

二〇〇四年秋天，由浪騰花出任董事長的烏審旗青浪生態開發有限責任公司正式成立。浪騰花帶人對布日葉慶荒漠進行了重新規劃，把重點放在基礎設施建設上。他們當年就在布日葉慶沙漠裡修了八公里路，打了五眼水井。有路有水，布日葉慶沙漠的治理日新月異。成立公司的第二年，他們就新開闢了一百畝育苗基地，造林近萬畝。二〇〇六年，他們又造林一萬餘畝，並且對公司所控制的十萬餘畝荒漠進行了圍封種草。

目前，青浪生態開發有限責任公司已發展成為生態治理開發、生態科學技術研究及服務、農副產品購銷、養殖業和旅遊業為一體的專業生態開發公司。由於他們的模範作用，帶動了周邊地區沙漠的開發和利用。青浪公司被自治區定為防沙治沙管沙用沙和沙產業、草產業試驗示範基地。浪騰花也得到了自治區各級政府的表彰和獎勵，並被中國沙草業協會評為「2008 年度中國先進沙產業個人」。

「瘋女」治沙獲得了成功，並且開闢了一條在毛烏素沙漠規模化、企業化治沙的新路子。

治沙勞模浪騰花

　　我是今年夏天走進布日葉慶沙漠的，幾萬畝叢綠的樹木，宛如一條條綠色的腰帶，將一個個沙丘緊緊纏繞。綠色的草原又回到了布日葉慶，而浪騰花為這綠色的恢復付出了整整八年時光。浪騰花不在布日葉慶，工作人員告訴我，她現正在烏審旗的家中。我決定去她家中採訪她，想見識和深入瞭解一下這個不斷在毛烏素沙漠摸索、創新的「瘋女」。

　　浪騰花在家中接待了我，這個傳說中的「瘋女」現在已經成為一個慈祥的祖母，她樂呵呵地對我說：「這些日子我在家裡哄孫子，公司的事情老漢在料理著。」

我問浪騰花為什麼在治沙中要實行公司化運作呢？她告訴我，人跟上時代發展，治沙光靠傳統模式是不行的，得引進新機制。說起辦公司的好處，浪騰花喜笑顏開，她說：「組建公司以後，治沙造林的面積由我一家的五千餘畝擴大到聯戶的十萬畝，可以使用大型機械設備，提高了勞動生產效率，降低了治沙成本。在採購苗條、網圍欄時也能享受批發價，這樣可以節省不少開支。形成規模以後可得到國家和旗里的資金投入和技術幫助。由於有技術支撐，林草的成活率也比以往有很大的提高。」

　　我對她說，看到有媒介報導，說你綠了沙漠，窮了自己。浪騰花說：「窮富這要看怎麼看，那幾萬畝林地不是財富？生態價值就不用說了，關鍵是這塊地方還有精神財富，那可是無法計算的。多少人到了布日葉慶，被點燃起鬥沙的激情，多少獨打獨鬥的單幹戶組織成治沙聯戶，像我們一樣實行企業化運作和經營。這不是我的財富？我是在沙漠投入了一生的積蓄，現在還沒有得到回報，但我相信布日葉慶的經濟價值遲早會彰顯出來的，十年樹木，這不是才過去八年？」

　　說起當年辭去公職的選擇，她說：「我們的選擇一點沒錯，因為我做了一件有意義的事情。想想八年前布日葉慶的樣子，看看布日葉慶今天的樣子，我還有甚不知足的？想想那樹，那草，那花，多美啊！值了！」

　　在毛烏素沙漠還流傳著一位「痴女」治沙的故事，這個「痴女」叫徐秀芳。張玉廷給我這樣介紹：「這人幹練，辦事利索，還能歌善舞，是全旗出了名的文藝積極分子。」可就是這個活潑的女人，三十餘年來，痴心辦了一件事，那就是造林治沙。毛烏素沙漠的造林治沙戶們，沒有不認識徐秀芳的。提起徐秀芳治沙的痴勁來，沒有不佩服的。

　　「徐工是跟沙漠較上勁了。」聽說我要採寫治沙的事情，一位治沙造林大戶給我這樣說，「憑她那股鑽勁，真把沙漠治理出了成果。人家懂技術，治沙

沙草產業示範基地成立儀式

是行家，別看人家是個女流，可講得在理、在行，這幾十年，我算是摸準了，徐工咋說，你就咋辦，準沒錯！瞧我這沙漠綠的多喜人，首先該給徐工記一功。一個女人家鑽在沙漠裡三十多年，不容易！」

他說的徐工就是徐秀芳。徐秀芳現在是烏審旗治沙站的站長，林業高級工程師。

三十二年前，徐秀芳從內蒙古伊克昭盟農牧學校畢業，風華正茂的她面臨著多樣的人生選擇。她完全可以留在盟府所在地東勝工作，也可到條件相對較好的旗縣工作。組織上徵求她的意見時，她說我是學林業治沙的，當然要到沙漠最多的地方去。

徐秀芳選擇了當時在全盟沙子最多最大的烏審旗，那也是她的家鄉，她知

道家鄉已經被毛烏素沙漠糟蹋得不成樣子了。有老鄉見徐秀芳從學校畢業後分到了治沙站工作，大為吃驚道：「你咋幹上了這討吃營生？你沒聽人說過，遠看要飯的，近看治沙站的？你個姑娘家連身好看的衣服都穿不出去，看你以後咋辦？」

治沙站的工作是艱苦的，徐秀芳絕大多數時間要待在沙漠裡。這她清楚地記得自己剛到治沙站工作沒幾天，領導讓她到一戶農家去指導治沙工作，那地方離自己住的地方有二十多里地，有老鄉好心借了她一輛自行車，她推著就上路了。那時她還不會騎自行車，邊走邊學。徐秀芳在沙路上學開了騎自行車，沙地路軟，不好把握平衡，不時歪倒在路上，磕碰得她膝蓋都青了。最可惱的是忽然冒出來的沙丘，她還得扛著自行車翻過去。她在沙漠上迷了路，走了七八個小時還未見到那戶人家。天黑了下來，徐秀芳哭了。她在暗夜中摸索著，直到夜裡十一點多，才看到了一束昏昏的燈光。

夜裡躺在老鄉家的炕上，徐秀芳腰腿疼的連身都翻不了。她也在問自己，為什麼放著城市的體面工作不幹，非要跑到這沙窩子裡受罪？可第二天一大早，她還是跑到沙漠上觀察植被生長情況，幫助老鄉出主意，如何更好地治理沙化。

還有一次徒步去烏蘭陶勒亥蘇木下鄉，路過一片柳林時，忽然跑出一條狗，追著她又叫又咬，嚇得她摔倒在地上。幸虧手中提拎的一包用來充飢的糕點摔了出去，狗聞見香味，才顧不上追她了。徐秀芳撒腿一氣跑了好遠好遠，「頭髮乍得就像一個瘋婆子」，徐秀芳回憶起三十年前這件事情，記憶猶新。她說：「我當時一口氣至少跑出三里地，才敢回過頭來看了一眼。我從小怕狗，可牧區農家養狗的又多，有時離老遠就得扯著嗓子喊：快把你家的狗拴住。後來跟老鄉家熟悉了，狗也不咬不叫了，我和它們也成了熟人。」

不久，旗裡搞林業普查，徐秀芳整整在沙漠裡呆了兩個多月，吃住都在老

鄉的家裡。人們擔心她受不下這個苦，可她堅持下來了，而且出色地完成了林業普查任務。

上世紀八〇年代後期，徐秀芳接受了飛播治沙勘查任務，每天早晨不等太陽升起就得進入沙漠，一直到夕陽下山才能返回駐地。沙漠裡的地面溫度高達四十幾攝氏度，她每天都要在赤日炎炎的沙漠裡奔波二十多里路，蒐集各類土壤樣本。一個多月下來，腳上起的水泡被磨成了老繭，胳膊上的皮曬暴了一層又一層。人曬得黑黑的，就像個非洲姑娘。

有一天，徐秀芳身體有些不舒服，實在堅持不住，只得爬在大沙丘上昏昏沉沉地躺了一會兒。她在朦朧中嗅到了一陣陣幽香，睜眼打量，原來自己躺著的沙丘上生長著一片綠茵茵的沙地柏。她立即翻身坐了起來，將這塊地方標在作業板上。她知道不久的將來這裡的沙地柏將連成片，覆蓋整個大沙漠。她站了起來，命令自己：徐秀芳呀，你要堅強！堅持下去就是勝利！看看這沙地柏吧，永遠在沙漠裡綻放綠色！

她在大沙漠裡堅強地走了下去，一走就是三十年。三十年來，幾乎烏審旗的每一片沙地都留下了徐秀芳的足跡，她說，她到過全旗百分之八十的農牧民家中。

一九九六年，根據治沙戶遇到的經濟困難，徐秀芳提出應該在毛烏素沙漠裡混合種植生態林和經濟林，不僅要治理沙漠，還要讓農牧民增收。她深入農牧戶家中，指導農牧民栽種經濟林，幫助農牧民們領會治好沙、管好沙、用好沙的道理，引導農民們向大沙漠裡要經濟效益。進入新世紀之後，許多聽了徐秀芳建議的農牧戶，都嘗到了沙子裡種出的「甜頭」。「這全靠徐工！」現在提起這事，他們還不忘感激徐秀芳。

作為專業的治沙工作者，徐秀芳認為，不斷引領先進的治沙技術和治沙理念尤為重要。從接觸飛播技術以來，她就不斷地總結飛播造林治沙經驗技術，

不辭辛苦地在飛播區考察植樹效果，並先後引進了 GPS 定位、導航技術和種子包衣技術，增加了飛播作業的準確性，降低了飛播成本，提高了飛播成效。目前，烏審旗已有飛播造林保存面積一百三十九點八萬畝，飛播造林技術的運用，為綠染毛烏素沙漠起到了舉足輕重的作用。

二〇〇〇年，國家搞退耕還林項目入戶調查，徐秀芳在河南鄉一呆就是

綠色盎然的毛烏素沙漠

治沙專家徐秀芳

二百多天。她跑遍了無定河兩岸的毛烏素沙漠，將每一家農、牧戶林地情況摸清。二十多年來大量承擔家務活的丈夫，終於發了脾氣：「是不是林業局就你一個人呀？」這是徐秀芳結婚二十多年來，在公安局工作的丈夫第一次衝她發脾氣。當時，徐秀芳雖有滿腹的委屈，可她知道她欠這個家的太多了，真是對不起自己的丈夫和兒子。她想自己退休之後，好好照顧自己的家，自己的丈夫和兒子。

在治沙站辦公室，徐秀芳滔滔不絕地給我講著她的治沙經。她個子不高，快言快語，一看就是個激情飽滿、活力四射的女人。我估算著她的年紀，應該有五十出頭了，可萬沒想到她仍是那樣激情澎湃。

談起林木來，徐秀芳如數家珍，她告訴我，現在全旗已經累計完成人工造林一百六十萬畝，封山（沙）育林四十四點一萬畝，森林資源總面積達到了六百餘萬畝。她告訴我，「十一五」期間，烏審旗的森林綠化面積每年以四十萬畝的速度推進。其中沙柳、楊柴、檸條等有較高經濟價值的鄉土灌木樹種唱了主角，高達百分之八十。截至二〇一二年八月，全旗六百萬畝森林資源中，灌木林近五百餘萬畝，比例高達百分之八十以上，居鄂爾多斯市之首。森林覆蓋率和植被覆蓋度分別達到了百分之三十五和百分之七十九，分別比二〇〇〇年間提高了十三個和三十個百分點。

我感慨地說：「十年發展，烏審旗的植樹固沙真是碩果纍纍啊！」

徐秀芳說成績雖然大，但也有個潛在的危險：烏審旗的森林和植被覆蓋率早已經達標了，而且是超標了。現在應該有意地保留一些沙地，好讓沙漠能夠自由地呼吸。

我記得張平去年也跟我談到過這個問題，那是我第一次知道治沙固沙植樹造林還有這樣的憂慮和擔心。原來，我以為樹草越多越好，植樹種草只是個粗活苦活兒，沒想到還有這麼多的學問。這個問題的最早提出者是不是徐秀芳，我不得而知。據我所知，烏審旗林業局副局長、林業高級工程師賀喜才先生也表達過類似的觀點。

徐秀芳告訴我，林分改造、草分改造都已經是迫在眉睫的事情，不要等到了出了問題再抓那就損失大了。我說，現在烏審旗不是已經開始大量種植油松、樟子松這樣的針葉林木了嗎？徐秀芳說：「這我當然清楚，旗裡規劃了五十萬畝樟子松育苗基地，在嘎魯圖東北環城的地方，就安排了十萬畝，兩年以後，我們的苗木足夠烏審旗的林份改造的。我是說林份、草份不抓緊改造，同樣也會出現生態災難，地下水下降，樹草停止生長，甚至會大面積死亡，我不是危言聳聽，我是為這件事情著急，見誰給誰說！」

沒樹她著急，有樹也著急，徐秀芳看來就是為烏審旗毛烏素沙漠操心的命。

正因為半個世紀以來，烏審大地上出現了寶日勒岱、殷玉珍、烏雲斯慶、浪騰花、徐秀芳這樣的治沙女英雄，毛烏素沙漠才停止了瘋狂的移動，開始為人民造福。這些偉大的女性，用自己的生命、汗水和淚水滋潤了毛烏素沙漠，才使今天的毛烏素沙漠，這般嫵媚，這般蒼翠，這般春光無限。

駿馬似箭掠過草浪，
高亢的嘶鳴留在路上

05章

一、我哪兒也不去，朝岱就是我的北京

說這話的人叫巴圖那順，是個魁梧的蒙古漢子。他往人跟前一站，就像立著半截塔。他說他已年屆六十了，我不信。

我稱他老巴，老巴是烏審旗蘇力德蘇木朝岱嘎查（村）的黨支部書記，還是朝岱牧業聯合體的總經理。朝岱嘎查位於無定河北岸，方圓將近二一〇平方公里，是個典型的荒漠化牧區。而戶籍人口還不足千人，每平方公里不到五個人。

說起家鄉朝岱，老巴樂得細眼睛眯成一條縫，動情地說：「我家祖祖輩輩

獲獎後的老巴

在朝岱啊！我從小就在這片草灘灘上放羊、放馬、放牛、放羊，累了就在草地上躺一躺，天好藍啊，老天爺給咱蒙古人一塊好地方啊！沙漠一開始好像在天邊，遙遠的很哩！可它不知咋的，今天這起了一小片沙，明天那堆起了個沙梁，嘿，還慢慢就連成了片。我是眼看著沙子長大的，可我也說不清這裡甚時候變成了沙漠。」

我說：「肯定是開荒種地種的。蒙古人也種地？」

「咋不種？」老巴說，「種地利大啊，人吃的有了，牲畜吃的精飼料也有了！怕牲口糟蹋，還圈起草庫侖種地，一開始是雇陝西人過河來種，好收成啊！後來老先人們也跟著學種地，地會種了，可越來越沒有地可種了。地裡起沙子了，甚也長不成……朝岱留不住人了。年輕人走了，撂下地、撂下牲口就走了，就剩下我們這樣的人收攬這爛攤子了。」

老巴嘆了口氣說：「人們這是咋了？為甚非要離開家呢？朝岱有點沙子就把你嚇跑了！也有人對我說，老巴呀，別守著這沙窩子放牛了，還是在城裡買套房子養老吧！我說，我哪兒也不去，朝岱就是我的北京！」我被這個蒙古漢子的話震驚了。

老巴問：「咋？我老漢說得沒錯吧？」

「我看你就像頭壯公牛，還老漢呢！來，為你的北京，咱們幹一杯！」

我們又碰了一杯酒，老巴嘿嘿地笑開了。

「牛好啊！」老巴說。「養牛救活了咱朝岱！引來了個『大力神』，盤活了一村人。我和大家都圍著牛轉，甚都是圍著它轉，為它種地，為它割草，為它開會，為它喝酒……」

老巴說的「大力神」，是個以肉牛養殖及良種繁育為主營項目的現代化養

殖企業。二〇〇七年時，精明的老巴把「大力神」公司引進了朝岱。老巴指著一塊偌大的沙梁，對大力神的老總說：「我可給你選下了塊好地方，就是這塊沙梁地了，你看多開闊。只要把沙推平了，想建甚建甚。這地多好，沙子地下就含水源，水質比城裡賣的礦泉水質量還好。」

我對老巴說：「你也學會忽悠了，讓人家建廠，順便把沙也給你治了。」老巴說：「治沙也得因地制宜呀。總像過去那樣哪行？你說建廠房不建在大沙漠上，還能建在我的草場和巴拉地上呀？人家企業資金足，推平這麼幾百畝沙漠，能用多大勁呢？順帶著就辦了，又建了廠，又治了沙，這是兩好擱一好哩！就這樣還有人說我把朝岱的好草場賣給了大力神哩！」

老巴帶我去看過「大力神」建在朝岱嘎查的肉牛繁殖中心和良種培育基地。基地的負責人是位戴著眼鏡的青年人，他說非常高興陪著我們參觀。

這個基地建設得非常現代，全部是清一色的美式塑鋼板房建築。我問：「這個基地占地多大？」青年人道：「二四〇畝。」老巴道：「過去這塊沙梁梁也長著點草，三十畝地都養不住一隻羊。二四〇畝才夠養七八隻羊的地方，現在養著多少牛？優質基礎母牛就六百多頭，還有胚胎移植肉牛五十多頭，我說的對不？」負責人笑著點了點頭：「我們在這個項目上已經投資了二千六百七十萬元，已經完成了良種肉牛養殖基地、良種繁育中心和標準化的肉牛養殖小區，還有一個太陽能烘乾飼草項目，完成了水、電、暖、道路及辦公區的配套。」他指著眼前的藍頂白色板房，對我們說：「這就是我們的標準化的肉牛養殖小區。」

他帶我們到肉牛養殖小區的大板房內。未見到牛前，工作人員都給我們換上了白大褂。這些肉牛的頭都很大，身架子也大，老巴告訴我這是架子牛，送到這裡育肥的。

老巴與「大力神」公司共同創造了「公司＋專業合作社＋牧戶」這樣一種

朝岱現代化牧場

生產經營模式。運作一年多來，已經實現了企業獲利、農牧民增收的目標。老巴說公司沒有進來之前，朝岱嘎查人的年平均收入在七八千元，現在已經達到了人均一點五萬元以上。現在這個基地年育肥出欄優質肉牛在一千頭。

那個青年人給我介紹說：「現在我們公司正在與朝岱的牧業合作社合作，引導入社的農、牧戶集中打造標準化、規模化、產業化的現代化的良種肉牛養殖與繁育基地，爭取在「十二五」期間，把基地建設成為自治區西部最大的集育肥牛出欄、種牛生產、胚胎移植、冷配改良、科技培訓為一體的現代化優質肉牛繁育基地。年生產優質種牛三百頭以上，育肥出欄肉牛達到一萬頭以上。」

老巴對我悄悄地說：「你聽聽，就這個肉牛基地，到『十二五』末，出欄要翻十翻。我們的牧戶能增加多少收入？也翻十番？」我說：「人家企業的投入不收回來？企業不計算自己的利潤？」老巴說：「就是都給他刨出去，我的牧戶三兩番得翻吧？」我說：「你這個精老巴呀！」

老巴在實施「公司＋合作社＋牧戶」的運作方式時，給牧民們費了不少口舌。沙漠、草場可以荒著，但真要是請來什麼人開發，牧人們就警惕起來了，就是老巴也得一戶一戶地磨嘴皮子做思想動員工作。因為聯戶開發必須遵循的是依法、自願、有償原則。

老巴給牧戶們說：「財神爺我是給你們請來了，咱們要是不敬著呢，吃虧的不是人家，別說烏審旗，就是咱蘇木地方也多的是哩！」

牧戶們問：「那他們為什麼不去別的嘎查開發呀？」

老巴說：「咱朝岱嘎查有我老巴呀！我可是在這地方活了快一輪了！我甚

朝岱現代化牧場畜棚

人性你們也知道，你們這次要是撕了我的皮臉，我就……」

牧戶們說：「好了，巴書記，你的皮臉就是朝岱的皮臉！」

老巴終於說通了十二戶牧民，租賃了他們的土地和草牧場，其中土地五千四百畝、草牧場五萬畝，並建成移民小區一處。根據自願的原則，牧戶們有轉移到城鎮從事其他行業的，也有整體搬遷至朝岱嘎查移民小區。

二〇〇八年老巴他們整合了五萬畝土地，新打了十九眼機電井、利用了原有機電井六眼，延伸了高壓輸電線路二公里，鋪設了地纜線十五公里多，建成機耕幹路近十公里，修建了防護林一八〇畝。在示範基地內，修建了內設置圓

形噴灌機九台套，卷盤式噴灌機三台套，全部實現了機械化作業。二〇〇九年內，示範基地完成種植面積五千四百畝，其中紫花苜蓿、沙打旺優質牧草三千畝，青貯玉米一千畝，浚單 20 優質高產玉米六百畝，糜子八百畝。當年，朝岱肉牛養殖基地優質肉牛累計存欄達到一千四百頭。老巴他們在改造後的沙漠上獲得了巨大收益。

老巴也注意對朝岱地區的原生態保護，防止過度開發。朝岱地區被自治區有關部門命名為「鄂爾多斯原生態文化朝岱保護區」。蘇力德蘇木的黨委書記布特格樂其曾對我說，朝岱示範區是他們要精心打造的文化示範區和保護區。蘇力德草原雖然地底下藏有煤、天然氣、石油還有陶土等，但旗裡決定還是要在這裡保留一個「三鄉」文化的傳承地，因在這裡蒙古族傳統文化最為集中，最為典範。旗農業局局長王永清對我講，旗委、旗政府高度重視這個示範基地的建設，這兩年，光各項國家政策性的補貼就投入了四千多萬元。朝岱嘎查現代化的牧場建設和移民區建設，現被旗裡稱為朝岱模式，要有計劃地向全旗農村牧區推廣。

老巴對我說：「要想發展、要想富裕不引進企業不行。我算看清楚了，傳統的農牧業生產方式，既治不了沙，更致不了富。」

二〇一一年的春天，老巴又遇到了一個絕好的發展機遇。鄂爾多斯東方控股集團開始與朝岱嘎查實施項目合作。我曾和東方控股的董事長丁新民多次來朝岱嘎查進行考查，就是在這考查的過程中結識了老巴。東方控股集團是一個資產上百億的大型股份制企業，其業務涉及公路建設、公路經營、房地產開發、文化旅遊、鐵路煤炭等領域。董事長丁新民曾經率領數萬民工脫貧致富。

現在丁新民決定開發朝岱嘎查的十萬畝荒漠，在這裡建設現代化的牧場、農場、林場、漁場、葡萄酒莊及現代化的朝岱牧民生態小區。丁新民是全國誠實守信道德模範，是一個有著大情懷的人。他對老巴說：「咱們都是蒙古人，

我給你撂個實話，我不是來你這沙窩子裡淘金來了，就是想聯合你做成一件事情。你有土地，我有資金，我們共同把朝岱建設好。到時，讓這裡的牧民說，這倆蒙古人還辦了件事情！」

老巴嘿嘿地笑了起來。老巴對丁新民說：「丁總噯，開發區裡有幾戶牧民還沒搬出來，政府答應的拆遷經費現在還沒有到位，我老巴光靠這張臉面和一張嘴，怕是做不動工作了。」丁新民說：「我先給你付一百萬，只有人遷出去了，才能擺劃得開。我知道你現在資金上遇到了一些困難。」老巴半天沒說話。我注意到他的眼睛，有些紅紅的。

丁新民對老巴說：「你們趕緊把朝岱新村的規劃做出來。有了規劃我們就可以開展許多前期工作了。」

老巴說：「朝岱新村的規劃圖，蘇木裡已經請北京的一家設計院在搞。」

朝岱新村的規劃圖設計出來後，旗政府旗長牧人主持召開了規劃論證會，丁新民、老巴、王局長、布書記以及東方控股集團朝岱項目的負責人一同參加。我也參加了這個會議。聽完設計人員的講述，便開始觀看新村規劃圖。規劃中的朝岱新村，各種功能齊全，是一個非常現代化的社區。牧民新村的幢幢小別墅，在新村規劃中錯落有致。幾個標誌性的建築，還有比較濃郁的蒙古元素。大家比較滿意。只有老巴沒有說話。丁新民說：「這是給你蓋新房哩，你咋不說話？」老巴低聲地說：「咋看都好。」人們笑了起來。

丁新民說：「我提點建議，我覺得給牧民的院子設計太小了，才一畝大小，我看要在三五畝之間才算合適。要給牧民留出發展的空間，這裡以後應該是旗裡薩拉烏蘇文化長廊的一個重要節點，咱不說它的歷史風情，就是朝岱新村也會是成為一個生態旅遊觀光景點。到時牧民可搞文化戶，可搞餐飲，也可發展庭院經濟。」老巴默默地看著丁新民，好久沒有一句話。

　　丁新民說：「今天各級領導都在場，我想說這麼個意思，我們集團上朝岱項目就是要建造一個新型牧區，就像我們要把我們企業打造成新型企業一樣。對這個項目，我們三五年內是不考慮掙錢的。我們每年都要朝這個項目投資三五個億，就是用來治荒漠，打基礎，搞基本建設，三五年以後再談回報。我們要想想當年在沙漠上植樹的人，他們的回報期是多長？我們也要在建設綠色烏審中建設一個綠色東方！」牧人高興地道：「丁總才是大氣魄，大手筆！我們就是要引進這樣負責任的大企業進入到我們的生態領域，政企結合，建設綠色烏審！」他又指示布書記和王局長，「你們要抓緊項目落實，趕緊把規劃報上來。」

　　那天吃飯時，老巴喝了幾杯酒，又給我說起：「我哪兒也不去，我就是要

朝岱牧場

把朝岱建設好，朝岱就是我的北京！肖老師，明年你再來，看看咱朝岱會變成甚樣？！」

我告別了老巴，驅車去蘇力德蘇木採訪。途中，看到路邊不遠的草地上有一幢房子。我對司機說，咱們去那幢房子裡看一看。司機將車慢慢停在了院前，院前還停著一輛皮卡車，有個壯漢不知在車上忙活著什麼。

門半開著，我推門進到了屋子內，看到有幾個打工模樣的人正在吃飯。女主人熱情地請我們坐下。我問女主人：「他們都是給你家打工的？」女主人道：「我哪雇得起？他們都是給項目區打工的。我這裡離作業區近一些，老巴讓我給他們做飯，我現在也是給老巴打工的。」

正說著，外面在車上忙活的壯漢走進了屋子裡。女主人道：「這是我家老漢，有甚你們問他吧。」我遞給他一支煙，並幫他點著：「就是隨便聊聊，看看你們過的光景。」

　　他告訴我，他叫郝根生。老家是陝西韓城的，上兩輩子來到了朝岱。他從小就住在這，從來沒有離開過。我問他有多少畝草場？郝根生說：「我家不多，有六百多畝，還有幾十畝水澆地。過去放了三十幾隻羊，還有幾頭牛，光景就這樣。」我問他：「那時收入怎麼樣？」郝根生說：「一年就三四萬吧，糊弄個吃喝沒有問題。」

　　我又問：「你入項目區了吧？」郝根生說：「二○○八年時和老巴先簽了十年合同，現在生活來源主要靠出租土地的收益。我現在是給項目區照看噴管，春秋兩季在項目區種樹，平時澆澆樹，再做個零活甚的。現在莊戶地裡都機械化了，苦輕了，自由多了。」我問：「現在收入怎麼樣？」郝根生說：「去年十萬多點，今年弄好能上十二、三萬吧。家就我們老兩口，夠花夠用了。孩子們單另開了，二小子在旗裡跑車，是食品車，收入也行。」

　　我問女主人：「你給老巴打工，發工資及時不及時？」女主人笑著道：「這人從不欠賬。朝岱能鬧這麼大個攤場，也就是老巴了。」

　　臨走，郝根生對我說：「我給你打聽件事情，聽說東方路橋要開發朝岱了。前幾日高級小車來了十幾輛圍著朝岱看來看去，聽說是要給我們蓋新村了？」我說：「是這樣的。」郝根生面帶喜悅地說：「老巴又跟咱朝岱找對人了。東方路橋的丁總，那可是個成大事的人……」

二、治沙大戶們的華麗轉身

我告別了郝根生一家，看著在眼前掠過的朝岱的草原、沙丘，想像著未來這些土地的樣子，隨著一個個這樣的新牧區落地，烏審大地會變成什麼樣子？在尋找毛烏素的日子裡，我在綠色的烏審大地行走，與形形色色的人們談論著這個問題，搜尋著各式各樣的答案。首先我想到了那些種植、養殖大戶，他們手中擁有大量的土地，他們對未來的規劃和設想是什麼的樣子呢？

今年春天，我到了全國綠化模範盛萬忠的家，他家也在河南鄉爾林川村，與殷玉珍同村。無定河南岸的毛烏素沙漠裡，一溜排開三個響噹噹的全國綠化勞動模範，陝北的牛玉琴，烏審旗的殷玉珍和盛萬忠。

治沙勞模盛萬忠

盛萬忠上世紀八〇年代時還是個給生產隊趕馬車的漢子。當時村長號召大家治理沙地，「誰治理，這沙漠就給誰」。可就是沒有人敢承包荒沙。盛萬忠多少有些膽識，承包了荒沙灘。這一幹就是二十多年，他把一輩子的心血和積蓄都扔在了茫茫沙漠裡，終於換來了滿眼綠色。現在，在盛萬忠承包的兩萬餘畝荒沙中，生長著五十多萬株楊樹和數也數不清的沙柳、楊柴、花棒、檸條等灌木，他利用這些樹枝樹葉飼養著二百多隻羊，十幾頭牛，還有四五口豬，種著二十多畝水地，已經成為聞名全國的綠色人物。他固住了侵蝕土地的明沙，讓附近的田地少受風沙的侵害。我看過一個資料，說盛萬忠的林地除了生態效益外，還使被保護的農田每年每畝糧食增產七十五至一百公斤。

說起盛萬忠，當地的老百姓都說：「這人豁出了自己一輩子的心血，行了大好事，善事！」

四月的農村正是農忙的時候，我到他家的時候，他不在家，家中也沒有人。鎮上的幹部給他打電話，把他在地頭召回來。鎮人大主席老郝指著平展展的農田對我說：「這裡過去全是大沙梁，現在都成良田了。想種甚都行，育樟子松苗的，種玉米的，種紫花苜蓿的……」

正說著，一位黑瘦的老人遠遠地走了過來，這就是盛萬忠了。他把我們讓進了他的房屋，這是一個老舊樸素得有些簡陋的農家。發黃的牆上掛著許多獎狀，顯示著盛萬忠曾有過的輝煌。

我講了自己的來意，盛萬忠考慮了一下說：「現在的日子還過得去，地裡每年都能收入四五萬元錢。大兒子還在種著莊戶地，二兒子、三兒子都在城裡打工，年輕人不愛種地了，受不下我們種地的苦了。」盛萬忠抱怨現在的年輕人都跑了出去，沒兩年，這地裡都得撂了荒。這樣小家小戶的種地，種不好地，也致不了富。我問：「你看該怎麼辦呢？」盛萬忠說：「得換腦筋，變機制，認真應對這個現實。」

他告訴我，他這樣的治沙大戶都在想這個問題：我們能治沙就致不了富？最近上級給我們搭線，我們村子在跟華普公司聯營，實行公司化運作，現在已經談妥了十萬畝土地的承包經營，大力發展現代農業。現在已經上了大型噴灌機。我問這華普公司幹什麼的？盛萬忠說是專搞脫毒馬鈴薯栽種，老郝說：「聽說是專供麥當勞，肯特基的。」盛萬忠說：「我們現在是定單生產，全部是公司包銷。」

不一會，盛萬忠接了個電話，好像田裡有什麼事情，需要他過去處理，我便告辭。出了門，我發現道路的對面正在蓋著一幢漂亮的房子。老郝告訴我，這是盛萬忠的新家，今年秋天就能搬進去了。我向盛萬忠表示了祝賀。盛萬忠感激地說：「謝謝，謝謝。這房子是鎮上和旗裡給我蓋的，看到這房子，我都不知咋感謝上級們了。」老郝說：「領導說了，不能光讓勞模受苦，黨委和政府得關心勞模，改善他們的生活和工作條件。」

在建設綠色烏審的實踐中，旗委和政府注意鼓勵和支持治沙大戶良性發展，對成就突出的治沙大戶，給予項目傾斜和資金援助。烏審旗政府規定，凡承包五千畝以上荒沙地者，政府在圍封設施、苗條、籽種等方面給予適當補助。三年內完成治理任務並經有關部門驗收合格，政府一次性以獎代投一至五萬元。我在採訪中發現一些造林大戶已經根據市場需求和發展需要轉為公司化模式，搞起種、養、加結合的一條龍經營，「為養而種，為售而養」的產業化、市場化理念開始深入人心。

說起朝岱的老巴，蘇力德蘇木沙利嘎查的黨支部書記額爾德尼對我說：「他說我這些年淨帶兒子了，他現在帶了多少兒子？」這是他們嘎查長之間的玩笑話，他們說的「兒子」是指嘎查內經營不善和日子過得不行的農牧民，得由他們這些嘎查的領導人幫助和扶持。他和老巴都當了二十餘年的嘎查長和支書，在某種意義上來說，他們是嘎查農牧民的「主心骨」和大家長。

今年四十五歲的額爾德尼被當地牧民譽為「額吉達爾古」，意即母親般的領導。額爾德尼一家承包著二千一百畝草場和二六〇畝水澆地，還有紫花苜蓿七十畝。紫花苜蓿是優質牧草，經濟價值也大。額爾德尼一家的日子過得非常滋潤，在二〇〇七年時，他家的人純收入已經達到七點五萬元，全家的收入在三十萬元以上。後來又聽從農科院專家的建議，搞了一些經濟林。

在額爾德尼的家裡，你能感受到他生活的富裕。光大客廳就有一百一十餘平方米，客廳內有一鋪鋪著地毯的大炕，長有三十多米，被人戲稱為亞洲第一炕。節日和農閒之時，鄉親們就會來到他的家裡聚會，坐在炕頭上吹拉彈唱，喝酒暢談。還能在炕前的大客廳裡辦舞會，人們載歌載舞，熱鬧個通宵達旦。

談到他進行的公司化經營，額爾德尼說：「人家老巴是主動出擊和企業聯營，走現代農牧業路子的。我是被動聯營的，原先常給一些日子過得不行的戶子一些幫扶，可他們由於多種原因實在經營不了自己的草場，我只得把他們的生活管起來，想了一個長遠的辦法，把他們的草場租賃了下來，這一下子租賃了六戶一點一萬多畝草場。每畝按十元付租賃費，每年這一塊就得付出十餘萬元。這樣，我就不得不規模經營，搞現代化的牧業生產。」

嘎查長助理、大學生村官德格榮為我介紹額爾德尼的經營情況。這位內蒙古師範大學日語專業畢業的青年學子，已經在陶利嘎查工作近兩年了。我從他那兒瞭解到，為了走上規模養殖業路子，額爾德尼先後建起了標準化棚圈一百平方米，飼草料貯室加工房三百平方米，青貯窖四百立方米，配套了農機及飼草料加工機具。並開展了以水為中心、以飼料地、人工種草基礎設施為重點的基礎設施建設。安裝了三十千伏變壓器兩台，架設低壓線路二千米，建造各類大棚近六百平方米，噴灌節水設備二四〇米還有一二〇平方米的風乾肉房。光基礎設施這一塊，他就投入了三百多萬元。額爾德尼還走出國門，到歐洲一些國家考查學習現代牧業，開寬了眼界，回來後成立了自己的公司，並註冊了

「文公希禮」肉類品牌。「文公希禮」在烏審旗和周邊地區銷路甚好。

額爾德尼講：「我就是讓人們吃上毛烏素沙漠的放心食品，我聽專家講沙漠是世界上最乾淨的東西！」

額爾德尼還給我講了一個故事。去年，蘇木領導給他介紹了一個自己開著汽車在西北大地推廣種紅提的科技人員，這人姓張，額爾德尼稱他為張工。張工是新疆農科院的，在吐魯番種了一輩子葡萄。這次是推廣種紅提。他說他走了那麼多地方，就是蘇力德蘇木的沙地最適宜種紅提，這樣額爾德尼和張工就認識了。兩人見面談了個把小時就把事情定下來了，先試種一千畝，實行股份制經營。張工出技術，出苗條，包銷路，額爾德尼出水電配套的土地，出人力，然後利潤共享，風險共擔。這事去年秋天談妥的，今年春上張工就帶著苗子過來了，現在正在地裡帶著人栽種紅提苗子。

額爾德尼說：「聽說這紅提是美國紅提和新疆葡萄嫁接的，是張工的專利。市場前景非常看好，一畝產值就能上兩萬。刨去各類成本，每畝還能賺萬元，這個項目前景非常可觀。」

像額爾德尼這樣的養殖大戶都在綠色烏審建設中，規劃著自己美好的未來；他們熱愛這塊土地，迸發著對這塊魅力四射土地的無限熱情。他們在烏審旗快速的現代化、城市化的行進中，重新選擇著自己的定位。

在毛烏素沙漠裡，我還結識了一個八〇後小夥子，他叫王鵬，現在是一家野生動物中心的總經理。他告訴我，他的家在烏蘭陶勒鎮的呼吉爾特村。他的野生動物中心就辦在家裡。他家的土地有三千多畝，是過去他家承包的荒漠。

王鵬開著黑色奧迪在前面引路，我們的車跟在他的後面，一路上幾乎是在樹林裡穿行。一棵棵挺拔的白楊樹在我的眼前晃過、一株株柳樹婀娜多姿，綠色的枝條婆娑得讓人產生幻覺，就像眼前有無數少女在蹁躚舞蹈。

我們的車停在一個濃陰遮蔽的大院落門前，王鵬對我講：「這就是我的野生動物中心辦公的地方。」我誇獎他說：「你這後生搞了個世外桃源，挺有眼光的。」王鵬說：「瞎摸索吧！辦公室裡面挺熱的，咱們就在樹蔭底下邊說邊吃點西瓜吧。」

早有工作人員在樹蔭下襬好了小桌椅，我們開始吃西瓜，西瓜入口甘冽滋潤。王鵬告訴我，這是自家種的，絕對的有機產品。王鵬還讓我知道了有機產品認證要高於綠色產品，是無公害食品中最接近天然的一種產品。我聽旗裡的領導講過，烏審旗的產品已經得到了農業部的認證，全部可定為有機產品。

我問王鵬：「你是學農牧的吧？」王鵬搖頭說：「我是學電子計算機的，是陝西師範大學數學系畢業的。剛畢業那兩年，在大城市裡打過工。後來回到家鄉來了，家鄉現在變得這麼好，發展空間非常大。」我開玩笑道，你該研究哥德巴赫猜想，咋搞開了野生動物？王鵬說：「我就是看上了人們追求健康食品這個市場。」

原來他這個野生動物中心，就是繁育野生動物，為市場提供健康食品。王鵬看出了我的隱憂，他說我這個中心是經過自治區林業野生動物管理部門認證的，養殖、銷售都是國家許可的，否則不是非法經營？

他帶我參觀了他的鹿場，鹿場很大，有百十隻梅花鹿在裡面嬉戲。看見我們過來，鹿都機警地豎起了耳朵。王鵬對我說鹿身上都是寶，市場需求量非常大，他這裡是供不應求，產品都能銷到山東、河南去。去年光這一塊就掙了四十多萬。

我問他建這個中心，投資了多少錢？他說：投的不多，總共投了五百多萬。這地是自家的，租賃場地這塊就省了不少錢。現在這三千多畝地劃成了退耕還林區，我還能得到國家補貼。我還有一個弟弟，一個妹妹，妹妹在河北秦

皇島讀大學，弟弟大學畢業後考到了旗公安局工作。

王鵬感慨地說：「現在多好！小時候，我們兄妹唸書，那時真窮啊，我爸媽圍著村子跑了一圈，連五塊錢都借不到。我母親圍著灶台抹淚，我父親蹲在門檻外。」王鵬不說了。我上去輕輕拍了拍他的肩膀。

王鵬說：「這個中心還搞了一些種植業，現在沙柳條外賣給生物質電廠是二一〇元錢一噸，每年這裡出柳條要在千噸左右。還種了七十畝紫花苜蓿和一些自用的農副產品。這裡基本上是保持原生態，這樣對我的野生動物繁育也有益處。搞起了這個中心，也帶動了附近農民的就業，我用的工人，就是附近的鄉親。農忙時，我得親自上手，開開農牧業機械。我這汽車、拖拉機、平茬機、粉碎機什麼都有。搞野生動物養殖繁育，畜種最重要。前年，我托朋友在長白山老林子裡，給我抓了一隻純野公豬，花了五萬多元錢。再加上運費，開銷大了去了。咱們看看這個凶傢伙去。」

我跟王鵬進了他的養豬飼養場。進去之前，換上了剛消過毒的白大褂。豬舍很大，一個隔子連著一個隔子，隔子內跑著細長的身上帶著棕色條紋的小野豬，這些傢伙非常活潑好動，不停地亂叫。在頂端一間欄舍內看見那隻從長白山深處捉來的野公豬。這傢伙個頭足有大半個人高，身上的毛粗粗的好像根根可數。腦袋長得猙獰，尖尖的長嘴裡翻著兩顆大獠牙，一條粗粗的鐵鏈子鎖著這個傢伙。它那紅紅的小眼睛瞪著我們，好像閃著兩顆憤怒的小火苗子，讓人望而卻步。

王鵬說：「這東西野性太大，剛來時咬傷過一個工人，只得給它上了硬王法，一開始還不服管束，咯崩崩地咬鐵鏈子。」我問：「野豬肉銷路好嗎？」王鵬說：「我這欄裡現在就剩種豬和仔豬了。剩下的都出欄了，這是個特殊的尖端市場，從我這出欄的成品豬毛重都得八十元錢一斤。」

王鵬說的這個尖端市場應該是有高消費能力的人群。烏審旗的養殖市場主要還是為百姓大眾提供健康的有機食品。經過多年的培育，烏審旗已經打造出了「皇香」品牌豬肉，光烏蘭陶勒蓋一個鎮就有數十家「皇香」豬養殖大戶，存欄在四十萬頭，這裡已經成為國家重要的生豬基地。無數農牧民通過養殖「皇香」豬走上了致富道路。

　　「禁牧」、「輪牧」和「休牧」政策的實施，打破了農牧民單一的傳統的牧業生產方式，逼迫著農牧民不斷開拓更廣闊的發展空間。禁牧以後，烏蘭陶勒亥牧民畢力格嘗試著經營過許多產業，但最有成效的還是養殖「皇香」豬，他現在已經是上萬頭的養豬大戶。他有養殖場辦公區內有接待客人的客廳，招待客人的方式完全是草原上牧民的待客方式和奶食品。我走進他的客廳時，奶食品和手扒肉已經擺了琳瑯一桌，一壺奶茶冒著熱氣。

　　畢力格說：「領導哎，我這是咋了，放了一輩子羊的人，咋變成養豬的了。」我問：「養豬怎麼了？」他說：「草原是放羊的地方，你是蒙古人，卻養豬，讓人家聽了有些怪怪的。」我說：「我在毛烏素沙漠上還見過蒙古人養雞大戶哩！」

　　肉吃到香處，茶喝到酣處，我和畢力格的交談也融洽了許多。他告訴我：「我養的豬已經銷到了鄂爾多斯市以外的地區，像包頭、烏海的超市上都有我的皇香豬供應。我養的豬吃起來口感好，就像人們常說的有肉味，是地道的農家豬的味道。」我說：「說說你的利潤，我愛聽這個。」畢力格笑著說：「利潤還行，比我搞餐飲業時好一些。」我問：「好多少？」畢力格說：「我出一口豬，純利潤在五百元。你算算能掙多少錢？」我說：「我哪能算得出來？還是你說，你說得肯定比我算的准。」畢力格說：「去年我掙了一百五十萬。」我說：「看看，我一輩子也不見得能掙到一百五十萬。」畢力格道：「我是養豬的啊！」他好像還有些委屈。

蒙古人對羊兒的那種感情，特別純潔，正因為純潔，越發讓人感到這種情愫的高貴。

禁牧舍飼，退耕還林，退牧還草，一系列的恢復生態措施，將從根本上改變千百年傳襲下來的耕作和畜牧方式。但草原上人多、羊多的現象不從根本上改變，即使生態得以暫時恢復，還是會重新遭到破壞。因為人們無法抑制對土地索取的貪慾，世界上包括毛烏素沙漠在內的人造沙漠就是傳統的農牧業文明造成的。據我所知，人類農牧業文明的發祥地，像尼羅河流域、底格拉斯和幼發拉底兩河流域、印度河口、黃河流域，都是當今世界荒漠化現象最為嚴重的地方。

對此，烏審旗委和政府在「以人為本，建設綠色烏審」建設中有著清醒的認識。為了鞏固烏審草原的生態成果，旗委張平書記在談到烏審草原農牧區的未來規劃時，有過這樣一段話：

現在烏審旗有五萬農牧民，到「十二五」末，通過發展二、三產業收縮轉移，只留一萬農牧民。到那時，烏審旗的農牧民每人將平均占有三十畝水澆地，二十畝樹木和飼草地，三十頭牛、二百隻羊、二十二頭豬。隨著機械化程度的提高，科學技術含量和人員素質的提高，烏審旗農牧民的收入將實現真正跨越式的發展。

三、烏尼爾想吃風乾肉

按照張平說的，那就是說到「十二五」末烏審草原的農牧業人口將不足總人口的百分之九。那些已經被收縮轉移至移民小區內的農牧民們，他們的日子過得怎麼樣呢？帶著這個疑問，今年春天，我又一次開始了烏審召之行。

在採訪的這些日子，碰到了不住氣的大沙塵天。風沙把能見度搞得很差，張志雄一面開著車，一面默叨：「這是哪來的沙塵呢？咱烏審旗的沙子起不來了呀？」這些天，我遇到好多人都在問同樣的問題，現在烏審人已經眼裡見不得天上飄動沙子。潛意識裡，他們感到這是對他們千辛萬苦建設起的「綠色烏審」的挑戰。

今天，我是專門去烏審召看那兒的生態移民的。我對張志雄說：「兩年前，我就說要到你的生態移民小區那兒看一看。」張志雄說：「我這不是專程接你來了。就是天氣不對，不該有這麼大的沙塵呀？」我說：「張書記，你瞎操啥心呀？這是覆蓋全國整個西部的揚塵天氣，從新疆、甘肅、寧夏、內蒙、河北一路飄過來的，連北京都是沙塵天氣，咱烏審旗憑什麼沒有呢？從氣象學來說，人家可是按經緯度計算的，咱這一萬多平方公里就是那麼一捏捏……」張志雄笑著說：「沒有錯。」

我倆說著，張志雄把車拐進了通往烏審召的岔路上。張志雄對我說：「你注意到了沒有，一進烏審召的地界，就剩乾風了。看眼前的路黑亮亮的。」眼前的瀝青路面就像被水洗過一樣黑亮，我早注意到了。

我倆一路交談著，來到了烏審召鎮的生態移民小區。前年我來這參觀時，這裡有些主體工程還沒有完成。現在配套設施已經全部完成，一看與城市的小區沒有什麼區別。一個憨憨的小夥子在等著我們，他叫蘇雅拉圖，是鎮政府人

烏審旗生態移民小區一角

口轉移辦公室主任，現在主要負責社區工作。現在這個社區生態移民一百二十六戶已經全部入住。

蘇雅拉圖領我們走進了一幢單元樓，敲開了三樓一戶人家的門，一個年輕女子打開了門，把我們讓到了沙發上，並獻上了奶茶。客廳內收拾得素雅乾淨，內置陽台上還擺放著十幾盆鮮花，有紅有綠，有白有粉，開得煞是好看。室內家具非常現代，擺放得整整齊齊，電視電冰箱等家用電器，也一應俱全。我一邊喝著奶茶，一面打量著客廳，覺得這家女主人是非常愛美的。對這裡投入了熱情。

張志雄、蘇雅拉圖給我講開了生態移民的情況。張志雄說生態移民的土地、草場權屬不變，政府給予退牧還草補貼，退耕還林補貼；處理牲畜，農、牧戶必須全部退出來，要在這些地段建立「無人區」，「無畜區」。他們給我算了一筆賬，草場補貼每畝五元，水澆地三百元，大牲畜二百元，羊五十元，這

烏審旗生態移民小區一角

樣轉移出來的農、牧戶每年平均將獲得政府政策性的補貼在五萬元以上。政府在移民小區免費為住戶提供一套八十多平方米的精裝修住房，並為轉移人員辦理社會養老保險、醫療保險，並對轉移人員進行技能培訓，提供就業崗位。

我問：「老年人也許能住得住，青年人怕是有些問題吧？」張志雄告訴我實際上在草原上住的青年人不多，大多是一些中老年人。烏審召的青年思想很開放，很多人跑到大城市辦蒙餐廳，搞風情表演。蒙古人非常有音樂細胞，隨便拉出一個就是歌手、樂手。青年很愛組樂隊，烏審召就有幾個音樂組合。在深圳福田就有烏審召蒙古風情一條街。

蘇雅拉圖說：「主要是四五十歲的這批人，工作難度要大一些。他們覺得在草原上收益也可以，怕上樓以後找不到就業崗位。」我說我採訪過圖克鎮上

的生態移民小區，和你們遇到的情況差不多。

　　女主人不時為我們倒茶，她長得白白淨淨的，兩隻眼睛很亮。蘇雅拉圖告訴我，她叫烏尼爾，是從查汗陶勒蓋遷過來的。我問烏尼爾：「在樓上住得慣嗎？」烏尼爾說：「一開始不慣，現在慣了。住了一年多了，很方便。過去在家時，沒路也沒有電。」我問：「這裡不是你的家嗎？」她靦腆地笑了，烏尼爾笑起來很甜美。我誇獎她：「你長得非常漂亮，非常美。」她噢地叫了一聲，笑了。

　　我又問：「你現在用什麼化妝品呢？」烏尼爾歪著頭想著，然後說：「你們自己去看！」蘇雅拉圖到洗漱間看了一下，然後說：「你們過來看看。」我和張志雄走到洗漱間門口，朝裡看了一眼，只見洗漱架上擠滿了各式各樣的化妝品瓶子，花花綠綠琳瑯滿目。看得出，烏尼爾很在意自己的形象。洗漱架頭頂上安著一台很大的熱水器，指示燈還閃著亮。過去，我聽人們講，草原上的牧人一生只洗三次澡，出生、結婚、死亡。這可能是誇張。但三十多年前我在毛烏素沙漠裡時，七個月就沒有洗過一次澡。

　　我問烏尼爾：「你回過查汗陶勒蓋你過去的家嗎？」她點了點頭道：「回過。草原上沒有羊了，什麼都沒有了。」張志雄道：「那裡是無人無畜區，就是要封閉起來。」我問烏尼爾：「你還想回草原上放羊嗎？」烏尼爾說：「想。但我的女兒要上幼兒園，要學習，這裡對她很好，幼兒園裡有很多小朋友。在家時不行，幾年看不見一個人。」

　　在牧人的心中，草原永遠是他們的家。

　　張志雄告訴我：「社區有綜合性幼兒園，還有一所小學到初中的學校，全是免費教育。超市、社區活動中心都配套。」蘇雅拉圖說：「烏尼爾就在社區活動中心上班。」我問烏尼爾：「和過去比，你們家的收入情況怎麼樣？」烏尼爾：「過去在家時放著六十多隻羊，七頭牛，每年收入三四萬元錢，現在草

場水地補貼有五萬多元，格日勒圖外面打工有四萬多元，我也有一萬多元。」我說：「你是說，現在收入比過去翻了一番。」烏尼爾說：「收入高了花銷也大了。在家時，什麼都不用花錢，肉、菜、糧食，地裡就長著哩。現在吃的、喝的、用的都要花錢。」我說：「還有化妝品。」烏尼爾笑開了。

張志雄說：「他們的水、電、暖，都是政府補貼，還有十二年教育全部免費。每年鎮財政要拿出一大塊錢來補貼移民小區。」

烏尼爾說：「這裡吃不上風乾肉。」我問：「超市裡沒有賣的嗎？」烏尼爾說：「我要吃自己晾的風乾肉。」張志雄說：「你看看，就是要你們改變自己傳統的生活方式。住進單元樓了，咋晾風乾肉？」烏尼爾臉上閃過一絲迷茫。

我對張志雄說：「在社區內，能不能考慮集中一個給他們晾風乾肉的地

方？」張志雄說：「旗裡的領導們說了，必須要改變他們傳統的生產生活方式，讓他們儘快地融入城市生活中來。」我拍拍他的肩膀說：「不就是塊風乾肉嘛！走，看看你的社區活動中心去！」

社區活動中心是一幢挺漂亮的大樓，設有會議中心、圖書館、閱覽室、棋牌室、黨員活動中心，還有健身房，張志雄很自豪地給我一一介紹著。看得出，這個英語教師出身的烏審召鎮的掌門人，想儘快把那些在草原上悠打慣了的牧人變成城裡人。但我知道，對牧人們來說，這是一個痛苦的蛻變。也許，他們還要用相當的一段的時間來品味其中的甘苦。

我在一塊草原上遇到了老額，現在這塊草原已經被旗、市兩級規劃為重要的水源地。為了涵養水源，保護水源，原先居住在這裡的一百多戶牧戶需要整體遷移。鎮上已經為這些生態移民準備好了房子，但老額明確表態堅決不搬，他已經六十多歲了，和老伴堅守在草原上。

現在，大學生村官塔鴿塔，一個看似很柔弱的女孩子，負責做老額一家的工作。塔鴿塔與我一同乘車，她說今天搭上順風車了，要不就得坐拖拉機，有時還得走著去。她現在是嘎查長助理，這些遷移戶都是她這個嘎查的。

塔鴿塔告訴我，需要遷移的戶已經有百分之八十都同意了，現在就剩下二十多戶的工作了。老額大伯家她也去過十幾次了，給他家的補貼也都說清楚了，每年有七八萬呢，這可真是不少了。「可老額大伯就是不同意，他說這不是錢不錢的事情，挺固執的。我也不著急，慢慢給地做工作唄。」這個女孩子慢悠悠地說，「比老額大伯還堅決的，我都做通了，做說服工作千萬不能著急。」

我問塔鴿塔在蒙古語中是什麼意思，她告訴我是鴿子。我說以後就叫你鴿子吧，這個蒙古女孩子高興地笑了。鴿子說她上大學時，是學建築的，已經畢業快兩年了。

老額和鴿子看上去非常融洽，鴿子張羅我們落座，勤快地給我們倒茶，就像老額的女兒一樣。鴿子說：大伯常留我在家裡吃飯哩。老額說起鴿子，也誇真是個好孩子，甚時候都不著急不著慌的。我有時給她發脾氣，她也總是笑眯眯的，你們當領導的咋給這孩子派了這麼個營生？我說我不是領導，就是來找你聊聊家常話。

　　聊天中，老額說他有兩個女兒都出嫁了，兒子在旗裡中學教書，家裡就剩下他和老伴了。「兒子肯定是回不來了，他捨不下城裡。」老額說，「我有二千多畝草場，五十畝水澆地，放著牛，放著羊，還種著地。農忙時，老倆忙不過來呢，就花錢僱人。前幾年十塊八塊就有人搶著幹，現在呢，每天出一百元你還得賠上許多好話。」鴿子笑著說：「大伯，你這是前兩年的價了？現在日工一五〇還不好僱人哩！」老額忿忿地道：「這是咋了？這沙窩窩裡的人，咋

烏審旗生態移民小區

變得這樣金貴了？」

我問：「老哥，這地方過去就有這麼多樹木嗎？」老額道：「過去這裡都是沙，滿地也沒有一棵樹。我們種樹種草建草庫倫種飼料地，不就是圖個人有糧，羊有料？現在樹有了，草有了，飼料有了，卻不讓我們在這放羊了，要讓我們放慣羊的人去住樓房……」

我問：「你現在一年收入有多少？」老額說：「二十多萬吧。」這著實讓我吃了一驚。國家能提供他的政策性補貼才七、八萬元，每年差著十餘萬元的收入，這工作咋讓鴿子給人家做呢？我都有些替她發愁。

鴿子說：「大伯，這裡是市裡、旗裡要保護的水源地，咱嘎查的人都得上樓呢！」老額忽然沉下臉說：「我要飲羊去了，這羊能喝多少水呢？水源，水源……」老額有些氣鼓鼓地，我急忙告辭。

鴿子送我出門時對我說，老額說他二十萬的收入是想堵幹部們的嘴。實際上哪有那麼高？老人家在這裡住了小七十年了，是捨不得離開。他說他享受不了那份不幹活就拿錢的清福，怕人家說他人老了，放不動牲口了。

我問鴿子：「你能做通大伯的工作嗎？」鴿子說：「慢慢做唄！我就把他當作自己的老人，他就是衝我發脾氣，我也不能著急。」我祝願鴿子心想事成。在綠色烏審建設中，也有無數像鴿子這樣默默無聞者的奉獻和付出。

四、你們這是開煤礦還是建公園呢？

烏審大地以豐富的礦藏、美麗的生態、獨有的文化吸引著投資客。像中石化、中石油、中煤、中國神華等央企的大型項目，已經落戶烏審旗各個工業園區。天然氣、煤炭、煤化工等工業化工生產已經成為烏審旗工業生產的支柱企業，去年僅工業固定資產投資額就達一百三十七億元。迄今為止，有三十餘家上規模的企業已經在烏審旗落地。但烏審旗的決策層在加速推進烏審旗的工業化時，始終繃緊著「生態立旗」的弦，片刻不敢放鬆。

他們始終對烏審旗的生態環境有著一個清醒的認識，那就是：脆弱。烏審旗人民政府旗長牧人說：「如果我們繼續延續西方發達國家先污染後治理、先破壞後恢復的老路，那就要付出沉重的代價，甚至造成不可彌補的損失。烏審旗脆弱的生態環境決定著我們必須把環境保護放在第一位，必須走新型工業化之路。」

今年暮春時節，我到烏審旗的黃陶勒蓋煤礦採訪，這是山東淄博煤業與鄂爾多斯尤士礦業公司合資的一所國有煤礦。這座煤礦還有一個下游產業，那就是已經開工生產年產百萬噸二甲醚的煤化工企業。這就是說，這座煤礦的產品不以原煤面世，而是以煤化工產品走向市場。這座煤礦，是烏審旗循環企業中的一個。現在人們對鄂爾多斯的形象比喻為：產煤不見煤，產羊不見羊。

黃陶勒蓋煤礦的王總是位個頭高大的山東人，向我介紹道：「我們在黃陶勒亥礦區規劃了七個礦井，井田面積為六十三平方公里，現在正在打豎井，我們能看到的這個井架，就是我們的主礦區。」他說著向窗外指了指，我透過玻璃看到了那高豎的礦井架，井架下有隱隱約約的幾個人影。我說：「王總，你這咋採煤不見人呢？」

現代化煤礦

　　王總呵呵地笑了起來：「我這裡上的是世界上最先進的採煤機械，一個作業面最多四個工人，還是輔助工種。採煤完全依靠電腦操控，到二〇一四年達到年產四百萬噸的設計要求。現在礦井、選煤場、鐵路專用線都在修建之中，總投資為三十億多人民幣。這裡地下水位非常豐富，地下三米就能見水。我們的工作始終在當地環境監測部門的監測之下，地面不見煤是最低標準。我們要按照進場時的承諾，完成水土保持和荒漠治理任務，為建設綠色烏審盡我們企業的貢獻！我們也是烏審人嘛！」我說：「你是山東烏審人！」「對，對，」王總更高興了。「我們就是山東烏審人！聽完劉總工的匯報，我帶你們去看看我們的生態園區。」

　　劉總是個瘦高的年輕人，不過三十出頭的樣子，現在擔任這個礦區的副總工程師。他一開口，是純正的京腔。我想這一定是個北京烏審人了。劉總講著礦區的規模，現在的進度，進口的設備，還有煤礦的安全。夾雜著許多工程術語和一大堆數字，我能聽懂的就是這個煤礦總蘊含量為十億多噸，煤有八層，現在的年產量為二百萬噸，到二〇一四年可達年產四百萬噸。我稍稍計算了一下，這個煤田足夠黃陶勒亥煤礦開採二五〇餘年。

天然氣淨化企業

我對王總說：「你這裡可是個大富礦。」王總連連搖著頭說：「我們這個小礦咋跟人家中煤、神華這些大央企比。」想想這個礦並不大，煤炭儲量還不足烏審旗探明儲量的百分之一。

王總帶我們去看他的生態園區，走了一段，卻把我們拉到了一個現代化的工廠前。王總給我介紹了幾位負責人，然後說：「先參觀參觀這個二甲醚化工企業，這是我們煤礦的下游產品。」我們進了工廠，這是個和原先參觀過的烏審召博源化工園區那個二甲醚工廠差不多，也是花園中的現代化工廠。精美得無可挑剔，我想起了烏審召化工園區陳主任帶我參觀過的人工湖，便問他們的污水是如何處理的？王主任說：「看看我們的生態園區去！」

我們驅車好久，順著道路車爬上了一座高高的沙梁，往下一看，我被驚呆了，我的眼前竟然出現了一片望不盡的水面，藍天白雲倒映，滿眼碧綠。微風吹皺了一湖春水。天上那麼多水鳥嘎哇鳴叫著，不時掠過水面，又騰空而起。我被這突兀見到的湖光水色陶醉了，甚至有些自責，我也算老鄂爾多斯了，竟

然不知道烏審旗的毛烏素沙漠裡還有這樣一泓好水。

化工園區的負責人告訴我，這就是他們正在建設的生態園區。湖邊五百米內都是他們正在打造的景觀綠化帶，這個大湖就是利用化工園區污水廠處理的工業廢水彙集而起的。他說：為了保證水質，我們處理好的中水先流進沙池裡，由沙子進行三道過濾，然後才流進這個人工湖裡。

他帶我們去參觀過濾水質的沙池。沙池裡裝滿了碧綠的水，周邊有綠綠的小草和新栽的樟子松，池邊有一些人正在植樹，大多是衣著鮮豔的女人。那位負責人告訴我們，這樣大的沙池由高往低，一連排著三個。處理好的中水，經這樣三遍自然流動過濾後，才能彙進湖中。他告訴我，沙子有極強的淨化功能。

我問他這水面有多少畝？他笑著說：「這我真說不好，因為這水面每天都在擴大。湖心島上有個觀景亭，那是最高點，站在那上面可以一覽全貌。」

我們沿著一條通向湖中的長廊，來到了湖心島。島上長滿了綠草和樹木。我們沿著一條人工階梯向島上攀去。那人告訴我們，這裡原是一座沙山，在生態園區改造時，才把它建設成湖心島的。我們攀上了湖心島頂，頂上有一個涼廳，廳子古色古香，雕樑畫棟。我極目眺望，原來像這樣的大湖竟然有著一連串的四個，讓人不禁嘖嘖直嘆：這水面怕是有幾個頤和園大吧？

王總說了一個事情，去年夏天時，他曾陪一位內地煤礦的老總來這裡參觀，那老總忽然瞪著大眼珠子問王總：「你們這是開煤礦呢還是建公園呢？」我們都忍俊不禁哈哈大笑。王總說：「我也幹了幾十年煤礦，走過全國許多地方，對生態指標要求最高最苛刻的就是這綠色烏審！」

我發現在湖邊上，正在起著一些四合院樣的園林建築，我問那位化工園區負責人：「那些四合院是幹什麼的？」他說：「那是正在建設的一所會館，這

烏審召樟子松基地

是我們尤總堅持要搞的。建好後，既是我們企業的培訓中心，也可接待八方貴賓。尤總堅持要在毛烏素沙漠裡打造精品。」

他告訴我們，尤總是鄂爾多斯人，與淄博礦業合資搞這個煤化工項目，就是想把家鄉打扮得漂漂亮亮，把昔日的荒漠戈壁裝點成美麗的大花園。他說的尤總我沒有見到，但我能感覺到這是一個對毛烏素沙漠充滿熱情和無限期許的人。

五、沙柳咋低碳了？熬茶火頭子旺著哩！

　　說起李京陸治沙，在毛烏素沙漠也是一個傳奇。本來他是一個成功的商人，在北京、呼市搞房地產開發。李京陸出生在一個老革命家庭，受過良好的大學本科教育，經商前還是一個省委黨校的教研室主任。他總是想能辦一個長線企業，做一件利國利民造福社會的事情。

　　一天，李京陸偶然聽清華大學的一位教授說，你要想長線辦企業，又造福於社會，你就去沙漠裡搞企業化治沙。李京陸真的來到了沙漠，宣稱要搞企業

烏審旗毛烏素生物質發電廠總經理李京陸

化治沙。那時有一些騙子正在內蒙古沙漠上搞什麼萬里大造林，利用人們對綠色的美好嚮往、對環境的關注，上騙政府，下騙百姓，忽悠了許多人上當受騙。李京陸遭到了沙區百姓的誤解和質疑，也被人們疑為綠色大騙子一類。

李京陸頂著人們的懷疑，拖著一條幼時患小兒麻痺留下的殘腿，在內蒙古沙漠裡考察。二〇〇三年四月，他決定在庫布其沙漠的紅泥屹台村造林，投資四百多萬元，一下子種了三萬餘株。春風掠過，小樹苗長出了綠綠的嫩葉。李京陸和同事們高興極了，他們想像著未來這裡會是一片林海。誰知，種下的楊樹慢慢枯死了八成，原來這裡的鹽鹼度高，把楊樹的地下根須全燒死了。李京陸在庫布其沙漠結結實實跌了一大跤。

有人告訴他，沙漠裡應當種沙柳。李京陸用企業家的眼光打量，沙柳是固沙的首選，但經濟價值不大。沙柳用來造紙、做高密度板倒是還可以，但這是

高耗能，高污染的行業，引進沙漠來無疑是飲鴆止渴。

有位英國人提醒他，可以用生物質發電。李京陸如醍醐灌頂，立即對沙柳進行了試驗、研究。結果讓他喜出望外，每公斤沙柳的熱值竟然達到四千五百大卡，完全達到電煤的發熱需求。產生的草木灰可以做肥料，改善沙漠土壤，而且產生的潔淨煙氣還可以生產螺旋藻。

李京陸決定在毛烏素沙漠建設一個生物質發電廠，這是二〇〇四年，他把廠址選在了烏審召。李京陸的大膽舉措，一下子引起鄂爾多斯的熱議。用工業化思維治理沙漠，漸漸成了烏審旗決策層的共識。他們支持李京陸在毛烏素沙漠辦電廠的大膽設想。

李京陸知道辦生物電廠的基礎是大量的沙柳，不使電廠斷炊，就必須建造自己的沙柳基地，而打造這個基地需要幾十萬畝荒漠整合。他必須長期租用農牧民已經承包下來的荒漠，動員農牧民建立自己的沙柳生產合作社。他告訴人們，沙柳是取之不盡、用之不竭的綠色煤炭，是國家大力支持的低碳行業。但上過綠色騙子當的農牧民對他的綠色發電廠仍心存懷疑，甚至有些牴觸。

「沙柳咋低碳了？」三年前，我採訪一位牧民時，說起當年李京陸要租賃他的荒沙種沙柳，辦電廠，用沙柳發電，他當時嗤之以鼻，認為李京陸在胡說騙人。「熬茶火頭好著哩！」

李京陸盯上了沙柳發電，不僅是發展低碳經濟，還是看中了碳匯效益。他是個精明的商人，知道以後碳匯會給他巨大的收益。而當時低碳經濟並沒有走到人們的經濟生活中來，即使是一些領導、企業家對之也不甚瞭解。而農牧民更認為他是說故事，忽悠人。李京陸為了打消農牧民的疑慮，提出了商業化的運作方式，那就是拿出真金白銀租賃農牧民的荒漠種沙柳，然後再交給荒漠承包戶管護，他再付管護費。等沙柳平茬後再按市場價格從農牧民手中收購。他向當地政府和農牧民保證，四年建基地，兩年建廠，到二〇〇八年底保證發

電。

　　當地農牧民知道李京陸將建的是世界第一個生物質發電廠時，更疑惑了，咋看這大沙漠中不像產生世界第一的樣子呀？這別是個更大的騙子吧？後來有高人出招，讓李京陸去找烏審人民心中的治沙英雄寶日勒岱。寶日勒岱若是出面，農牧民就會相信他和他的綠色電廠。

寶日勒岱不動聲色地聽著李京陸的綠色電廠暢想，聽這位中年人講著低碳、環保、經濟利益鏈條帶動沙漠綠化，一個綠色電廠可為六千餘名農牧民提供就業崗位，並把他們培養成永遠不會下崗的為電廠服務的林業工人。李京陸向寶日勒岱表示，他要為這個項目投入三點六億元，而他的企業將從發電、出售碳匯指標上獲得收益。

李京陸可能不知道，他眼前這位蒙古老人，早在幾十年前就聆聽過錢學森先生講沙產業理論，對於產業化治沙並不陌生。寶日勒岱認為李京陸的設想實際而且可行，相信並且支持了他的綠色電廠。

李京陸回到烏審召不久的一天，寶日勒岱忽然出現在他的電廠，並親手為他穿上了華美的蒙古袍，還按照蒙古民族的禮節，為他獻上了哈達，美酒。李京陸在這位讓人尊敬的蒙古額吉面前，在勤勞淳厚的蒙古族牧民面前，掉淚了。

談到李京陸的綠色電廠，寶日勒岱曾與我說過：「那個電廠，使不起眼的沙柳成了寶貝，綠了沙漠，富了牧民……」

二〇〇八年的夏天，我去過建在烏審召工業園區中的生物質發電廠，那時機組正在調試，生物電廠的負責人、一位瘦高的戴著眼鏡的中年人，十分自豪地告訴我：今年秋天世界上第一座建在沙漠上的生物質發電廠就要正式發電。

我問他沙柳供給有沒有問題，他說他們已經建成了三十三萬畝的沙柳生產基地，換算成沙漠就是二八〇平方公里荒沙。現在基地已經開始大面積平茬復壯，在這個基地管護沙柳的七千名農牧民，每年從沙柳身上平均獲得一點二萬元的收益。

那天我去參觀了生物發電廠的沙柳生產基地，那是沙柳組成的綠色海洋，壯觀得讓人說不出話來，一波接一浪的蒼翠一直蔓延到了天邊。

毛烏素生物質發電廠全景

今年夏天，我又走進了烏審召，在一團團、一簇簇的沙柳叢中穿行著。在這裡我結識了牧民孟根。我問他烏審召生物電廠建成後，他有沒有獲取什麼收益？孟根說：我已經給電廠管護沙柳六年了。過去是守著巴拉地上的百十多畝草庫侖，卻荒著四千多畝大沙丘。後來把這荒沙丘租給了電廠，讓人家種沙柳。他們每年給我每畝三元租賃費和管護費，光這塊我每年收入就一萬多元，沙漠綠了，我家還能掙上錢。這不是好事？他告訴我，他家還是收益小的，收益大的戶子能從電廠掙幾十萬呢！

現在毛烏素生物發電廠已經發電近三年了，累計發電一點二〇五八億度，

已累計完成治沙造林四十萬畝，每年可形成碳匯十萬多噸。這個毛烏素沙漠中的綠色電廠，經濟效益將會越來越明顯。

張平曾經高度評價毛烏素生物質熱電廠的綠色實踐，他說：毛烏素生物質熱電廠實現了生態建設產業化、產業發展生態化，一筆資金辦了綠色能源建設、生態建設、沙區扶貧致富、循環經濟、環境保護、新農村建設、西部大開發、節能減排、經濟社會發展等多件大事，綜合效益顯著，值得總結和推廣。

在毛烏素沙漠裡還有一個奇人，叫劉根喜。他一直在鄂爾多斯地礦部門工作，是地質工程師，現已年屆七旬。他在沙漠裡找了一輩子礦，根據他的職業敏感和對沙漠的認識，認為組成沙漠的沙子並不是一無是處。他想解剖沙子，看看沙子裡含不含礦物質成分。有人聽說劉根喜想從沙子裡面找礦物質，差點笑掉了大牙：「這爛沙子連牆都糊不成，還能有甚礦物質？」

老劉想的是這沙子裡真要是含有礦物質，這鄂爾多斯、內蒙古還有新疆、甘肅、寧夏的沙漠地區不都是變害為寶了？於是，他開始了對沙粒的研究。他埋在試驗室裡，一幹就是十餘年，為化驗沙子落下了眼疾。但蒼天不負有心人，經過了幾百次上千次的化驗，他終於把毛烏素沙子的成份弄清楚了。原來這小小的砂粒通身是寶，它竟然含著百分之四十四的長石，百分之二十三的石英砂。風積沙石英砂可以做微晶玻璃，長石是製造極品陶瓷的原料，可用於化工、醫藥、汽車、冶金、電子等諸多領域。每噸長石粉在市場的價格為一千五百元，而且供不應求，有極好的市場前景。

老劉化驗成功的消息不脛而走，很快引起了社會各界人士的關注。有個辦企業的找到他要買他的專利，所謂專利不過是老劉的化驗配方，開價就是七位數。老劉直言道：「錢這東西支撐不了我的幾十年研究，它對我來說夠用就行。」那人苦勸老劉：「你老人家再想想，從試驗室到工廠化生產，還要走多遠的路？你知道嗎，這得有強大的資金做支撐。」

老劉知道那人說得很有道理。他聽說烏審旗有一個開發區，就叫風積沙研發中心。老劉直接找到了研發中心黨工委書記袁建斌，給他講了自己發現風積沙成分的經過，並給他看了試驗室分解出來的長石和石英砂的晶體。袁建斌喜出望外，如果砂子真是這樣的成分，毛烏素沙漠可就真是一座金山銀山了。他找來管委會的全體成員開會，通報了劉根喜的研究結果，眾人又驚又喜，但卻不知道如何開發這個項目。袁建斌請示了張平，張平指示將這個研究成果通知有關部門，迅速交專業機構認定。

　　袁建斌和管委會的人找到了中國建材研究院，這家國內最權威的研究機構都從來沒有接觸過這樣的課目。為了慎重，他們提出要對毛烏素沙漠的風積沙進行中試，就是說把老劉的研究搬到中材院的試驗場裡來。只有經過了中試，得到了認定，風積沙的開發利用才有實現工廠化生產的可能。但這需要中試經費一百萬元。一百萬元在研發中心所有項目中，並不是一筆較大的開支，袁建斌完全可以自己簽字支出，他卻為此召開了黨委會，採取莊重的舉手表決，並得到了黨委成員的全部通過。

　　我採訪袁建斌時，他告訴我，之所以採取這種表決形式，是想要告訴黨委成員，我們是在為即將拉開的工業化治沙大幕投贊成票。

　　一大卡車毛烏素沙漠的風積沙從烏審旗出發，開進了北京城。中試開始的那天，張平等旗委政府的領導都趕到了北京。袁建斌在這次中試中，才知道風積沙的分離多麼複雜，要經過水選、浮選、電選、重選、磁選等多種工序，還要加二氧化硅等試驗液。他此刻才真正理解了劉根喜當年一個人在簡陋的試驗室裡做分析篩選是多麼困難和不容易。

　　二〇〇八年三月，《沙漠風積沙選礦試驗報告》正式問世，它首次向世界揭示了沙漠風積沙選礦和提純後的真面目。這個報告稱：

毛烏素風積沙選礦生產線開工

　　根據選礦成果揭示的質量技術指標，其硅砂與長石，可廣泛用於玻璃、陶瓷、冶金、電子、醫藥和化工等工業領域作為生產原料。特別是精選後的硅砂，可作為五千多種無機硅產品和二千多種有機硅產品的工業原料，拓寬了沙漠風積沙的工業化利用，展示出了廣闊的應用與發展前景。

　　毛烏素沙漠有了更美好的前景，這項研究甚至可以說是為世界的工業化沙漠治理提供了重要依據。也許，二十一世紀將是世界範圍內治理沙漠最有成效、最有價值的一個世紀。去年秋天，李京陸在北京大學光華學院演講時，曾經對北大師生這樣講過，「在未來十到二十年內，中國肯定有三到四個大沙漠

消失掉」。鄂爾多斯人對沙漠的執著研究,為這一切提供了可能。

這項研究報告激勵著鄂爾多斯人開拓一個更大的治沙空間。但誰都知道,從實驗場到工廠化生產仍然有著很大的距離,尤其是這個工廠設備沒有任何國標型號。建成風積沙工業選礦生產線,存在著技術設備的巨大風險,需要幾億元的投資,而這投資風險全部要由投資企業獨自承擔。巨大的風險,使許多投資客望而卻步,許多企業家觀望徘徊,使這前景極為燦爛的項目舉步維艱。甚至有人對研發中心的人說,這個項目也許是給下一個世紀準備的。

這天,劉根喜和一個投資客來到了研發中心。這位投資客叫姚智純,是地道的鄂爾多斯人,雙劍酒業集團的董事長。姚智純對袁建斌開門見山就說:「我要在風積沙研發中心建立這條選礦生產線。劉工已經給我講了投資風險,他說的只是工業技術設備層面上的風險,我還考慮了其他風險,比如國家戰略規劃和產業政策的風險,能源和建材價格波動的風險⋯⋯」姚智純是一位檢察官出身的商人,已經在商海中搏殺了二十年,理智、縝密、果斷的個人風格使他在商海縱橫馳騁。他對袁建斌說:「這個項目的一切風險我都預見到了,而且我已經做好了承擔這些風險的準備。」

袁建斌帶姚智純去旗委找張平匯報。在旗委辦公室副主任折海軍的印象裡,姚智純與張平就這個風積沙生產線項目本身談得並不多,更多探討的是對沙漠的治理、使用以及對人類的造福,為人類賴以生存的地球負責。折海軍對我說:「我沒想到姚總對環境的關注,對沙漠的研究,有那麼多獨到的見解。」

姚智純講,世界將進入綠色工業時代,這就是要發展對整個生態系統產生積極影響的循環經濟。循環發展賦予當代企業的任務就是要既能最大限度地提高經濟效益,又能保證和促進生態系統的良性循環與恢復。世界上許多荒漠是人類本身造成的,而綠色工業將使人類在地球造成的創面得到恢復。

二〇〇九年六月十九日，以姚智純為董事長的華原風積沙開發有限責任公司成立暨二十萬噸風積沙工業選礦生產線、十萬噸玻璃製品生產線項目在烏審旗蘇里格經濟開發區破土動工。

這是世界上第一家直接以風積沙為原料進行工業化生產的企業，這個企業集中了中國建築材料研究院和國內各高等院校建材領域的專家、學者為項目提供的技術支撐，能使劉根喜的試驗結果儘快實現產業化。姚智純提出這個企業的目標，就是創建一家「以高科技、高效率、硅產業鏈為基礎，以工業化治沙、變害為寶的新型生態建設」開發公司，而「造福全人類」是企業追求的終極目標。

今年仲春季節，一個春風和煦的早上，我來到蘇里格開發區，參觀了正在建設的風積沙選礦生產線。袁建斌對我說，為這條生產線落地，風積沙研發中心已經投入了一千多萬，這是政府對這個項目的支持。而姚智純已經投入了三個多億，企業的風險有多大啊！

我看著這個新建的廠區，這個巨大的生產線車間，還有堆放在地上未開箱的各種設備，覺得姚智純就是一個敢於吃螃蟹的人。

袁建斌說：「這條生產線已經開始倒計時了，可離開工越近，我感到遇到的難題越大。你說這風積沙是屬於礦產呢還是說不清的什麼？應該是歸礦產部門管理呢還是歸林業部門管理？」我說：「現在應該歸礦產部門管吧？」袁建斌說：「我問過礦產部門，礦產部門管理的礦產名錄中沒有風積沙。還有，這條生產線的選礦能力是年選一百萬噸，削平一百萬噸風積沙，就等於平整了七五〇畝土地。照這個速度推進下去，烏審沙漠不久的時間將會出現大片平原，為發展現代化的農、林、牧業提供了條件。問題是現在我控制的風積沙很少，開發區內只有一個國營林場裡還有一些明沙，我讓他們千萬不要搞綠化了，等著下線吧。」

我說：「幾年了，我就在毛烏素沙漠裡找大明沙，可我始終也沒有看到。你這要是一開工，恐怕再也見不到大明沙了。」

不一會，兩條生產線的負責人走了過來。兩人都是高個，一胖一瘦。瘦高個是風積沙項目的負責人，他對我講：現在生產線的主要部分已經全部安裝到位，正在對輔助設施進行安裝。安裝的難度主要是非國標設備，我們沒有經驗。生產線是中國建材研究院設計的，不時得請他們做技術指導。姚總對我們的要求是今年年底進行開工生產，現在看來沒有問題。我問配套的十萬噸玻璃製品生產線呢？胖老總是位山東人，他甕聲甕氣地說：「那是成熟的生產線，早已經安裝完畢。我現在就等著姚總的生產線開工了。」我問：「你與姚智純熟悉嗎？」他說：「我們認識不止十年了，姚總雙劍酒的玻璃酒瓶都是我供的貨。我就是造玻璃的，我相信姚總，他說他要治沙，我也跟著出力！一塊在沙漠裡挖出個大金娃娃。」他說著呵呵地笑了起來。

他聽說我是個作家，問我：「我們山東的作家莫言你認識嗎？」我說：「認識啊，我們是同學。」他說：「前兩年我們縣裡的書記請他吃飯，我作陪過。我這開始生產了，我讓我們書記一定請他來剪綵！到時，你也來啊！」我愉快地答應了。這位大漢還要留下我的手機號碼，看來這是一位極其認真的人。

臨結束參觀欲驅車返回時，與我同行的折海軍說：「這次可惜沒有見到姚總，你聽聽他對生態治理的見解，對工業化治沙的見解，保證對你創作有好處。」

我回過頭去看著這巍然屹立在沙原上的廠房，感到它正在向我娓娓述說著毛烏素沙漠的春天。我想，工業化治沙的春天就是這樣悄悄地降臨在毛烏素沙漠裡。

車行進在綠意濃濃的烏審大地上，許多新建的廠房聳立在泛著綠浪的沙丘間，從我的眼前一一閃過，就像一艘艘小船與我們迎面馳過，我們的汽車就像

一葉小舟穿行在茫茫的大海之上。這還是毛烏素沙漠嗎？我又一次這樣問自己。

在我的心中始終存在著對毛烏素沙漠的敬畏，我只要想起它來，漫漫黃沙就會擠滿我的記憶。我曾看過一個資料，講毛烏素沙漠的地層基底是由白堊系和侏儸系的紫紅色、青灰色、灰色砂岩組成，砂岩厚度達六百米以上。其結構鬆散，質地粗疏，極易風化成沙。基層上面覆蓋著五米厚的第四紀河湖的沖積物，經過千萬年的風吹雨打，以及墾荒、放牧，深埋的砂岩已經裸露於表面。

在鄂爾多斯的溝壑間，到處都能看到這種赭紅色和青灰色的砂岩。取下一塊裸露的砂岩，用手捏一捏，很快就成砂粒狀。有專家斷言，這是毛烏素沙漠的主要成因。那就是說，毛烏素沙漠的綠色植被下，除了地上原有的沙漠，地下還沉睡著足有六百米厚的潛在沙漠，假設我們稍有不慎，這頭睡獅會不會在哪一天被我們驚醒起來呢？我真的有些隱隱擔心。

我擔心烏審旗迅猛的工業化、城市化，會不會喚醒未來的沙漠呢？這頭凶惡的睡獅會不會在某一天，就地十八滾，站起來，抖落掉身上的綠色，惡狠狠地撲過來呢？許多人同我有一樣的擔憂。

就這種擔憂，我請教過張平，我問他，假若現在我們把隱形的毛烏素沙漠比作一隻睡獅，如何讓它像一隻溫順的睡貓，靜靜地安臥在天、地、人共同鋪就的綠色絨氈上呢？張平笑了，他講了這樣一段話：「我們現在的生態建設成果，凝聚了幾代烏審人的心血，來之不易，彌足珍貴。當前，我旗仍然是生態脆弱地區，處於經濟發展與生態環境建設的兩難境地，稍有放縱，沙化的歷史悲劇將會重演，工業化的污染更會貽害無窮。為了鞏固綠色烏審的建設成果，我們會堅定不移地走生態文明之路，始終堅持生態優先，圍繞生態發展經濟，依靠經濟發展促進生態文明。我們要把生態環境風險評估機制常態運行，上項目、辦事情都要充分考慮生態環境的承受能力，絕不以犧牲環境為代價換

取經濟一時的快速增長。算大賬就是算細生態賬，絕不幹向子孫後代『徵稅』、轉嫁生態隱性負債的蠢事。」我折服於張平先生的清醒。

中國科學院李文華院士來到了毛烏素沙漠，參觀了烏審旗的林業生態工程，看到昔日的荒原上長滿了三至五年樹齡的油松、樟子松。對於在鄂爾多斯大規模發展喬木，李文華非常關心用水的問題，一再詢問在培育初期到底要用多少地下水，並提醒說，這裡的水太寶貴了，一定要注意區域水資源在工業、生活和生態建設各種需求之間的總體平衡，摸清楚家底，監測動態變化。

聽完有關部門的匯報，這位長期從事森林生態、自然保護、生態農業與農林復合經營、生態經濟領域研究的老科學家感慨地道：「應該看到中國人生態建設作出了世界都應該向我們致敬的成績。」

去年，一個由數十位國內防沙治沙、環保專家組成的調研組，來烏審旗多次實地詳細考察後，提出了一份《烏審旗生態建設模式調研報告》。這份調研報告問世後，引起了生態學界的高度重視。

國家林業局防沙治沙辦公室副主任王信建認為：毛烏素沙地的生態治理之路不僅為當地人民帶來了豐碩的成果，也為中國沙塵暴治理作出了有益的貢獻，是世界治沙史上的寶貴財富。值得深入研究、總結。

中國工程院院士尹偉倫說：這個模式包括一切經濟建設堅持生態優先原則，使生產活動與生態建設相互促進、和諧發展，形成獨具特色的沙地綠色經濟，依靠綠色經濟發展促進當地社會整體升級，進而構築起新時期在西部地區脆弱的生態環境下，縣域經濟富民強區的基本體系。

中科院院士唐守正認為，這一體系的特徵是：在西部脆弱的生態環境中，經濟建設須在「生態優先，綠色發展」的原則下謀求富民強區；努力消除經濟發展中高能耗、高污染、高投入、低效率的落後發展模式，以「集約化、低能

耗、可循環、低投入、高產出」的特點進入高級發展階段；全社會樹立起「生態優先、綠色可持續發展」的理念，放棄短期利益的誘惑，確保子孫後代共享生態建設財富。

的確，像這些專家們所說，在土地面前，人類必須學會節制自己的慾望，千萬不要在土地的身上索取的太多。一種生態文明的確立絕非一朝一夕之事，恢復生態，維護生態，人類永遠在路上。

二〇〇八年一月十九日，中共中央總書記胡錦濤在看望錢學森老人時，興致勃勃地談起了最近對鄂爾多斯的視察。胡錦濤高興地錢學森說：「前不久，我到鄂爾多斯市考察，看到那裡的沙產業發展得很好。沙生植物的加工搞起來了，生態正在得到恢復，人民的生活水平也有了明顯提高。錢老，您的設想正在鄂爾多斯變成現實。」

我們的先人創造了毛烏素沙漠，今天我們要做的事情就是把綠色的毛烏素沙漠傳留給後人。當代烏審人既為先人還債，又為後人播綠，勇敢地承擔著歷史賦予的綠色責任。烏審兒女要走的綠色擔當之路還很長；任重道遠啊，英雄的烏審兒女！

尾篇
想起了郭小川

詩人郭小川

在採寫綠色烏審的日子裡，我經常想起詩人郭小川來。對這位文學先輩的尊敬，不僅在於青少年時期曾受過他創作的詩歌的滋養，喜歡他那豪氣干雲的澎湃激情和朗朗上口的動人辭章；更在於他在上個世紀六〇年代中期，曾深入過烏審旗的烏審召公社採訪，並撰寫了華章。

談起郭小川，寶日勒岱給我講：「這人在烏審召呆了四個多月。」

有回憶文章稱，寶日勒岱的漢語水平，是在郭小川來烏審召後才加快學習速度的。那時，郭小川是大詩人，身邊總是有一群人在圍著他談笑風生。那時的寶日勒岱漢話水平不高，聽不懂這些大文化人們在說什麼。就是從那時起，寶日勒岱加快了漢語的學習。

郭小川採寫了長篇通訊《牧區大寨——烏審召》，發在《人民日報》的頭條位置上，再加上《人民日報》的社論，一下子把隱在毛烏素沙漠腹地的烏審召推到了全國人民面前，成為全國人民的學習榜樣。

在尋找毛烏素沙漠的日子裡，梳理中國的治沙史時，我總覺得引起全國範圍內對治理土地荒漠化的關注，應該始於郭小川那篇文章和對烏審召的宣傳。郭小川寫完《牧區大寨——烏審召》後，又寫了長篇報告文學《英雄牧人篇》，足足有三萬餘字，發在一九六六年春天的《內蒙古日報》上。當這篇文章的作用正在發力的時候，「文化大革命」開始了，剩下的事情就不用再提了。

我在採寫綠色烏審的日子裡，蒐集到了這部報告文學，仔細研讀完後，我覺得郭小川身上有深深的蒙古情結。他對蒙古族諺語的掌握，對蒙古族生活細節的把握、描述，都讓人折服。後來我才知道郭小川出生於原蒙漢混居地熱河省（現河北豐寧）內，上世紀三〇年代初避日禍隨全家遷居北平。青年時，曾就學於北平的蒙藏學校，而且還給自己起了一個蒙古族名字：克什格（吉祥）。

郭小川在這部報告文學中，寫了在茫茫沙漠中尋找綠色時的那份焦慮和不安，當見到蒼黃大漠中烏審召這塊綠洲時的那種興奮和喜悅。郭小川筆下出現的各式人物不下四五十個，可見他採訪的紮實。

詩人被草園子（草庫侖）的景色所陶醉，他在報告文學的第一章《勝天圖》中寫道：「這水色風光，使我們一下子想起了江南的水鄉。然而，我們在江南水鄉也沒有見過這用圍牆圍住的田園，只有大城市的某些大公園可以與之相比。」

四十餘年後再讀，更感到這部報告文學寶貴價值的存在。遺憾的是，現在很少有人知道郭小川與烏審召的淵源。就連「牧區大寨」展覽館也沒有郭小川的半點紀錄。我跟烏審召鎮的黨委書記張志雄談起，他也是頭次聽說郭小川這樣的大詩人還與烏審召有過這樣的往來。我提議他們給郭小川先生塑個像，這樣可以加重烏審召的文化內涵。

四十餘年後，我被綠色烏審所感動，沿著郭小川先生的足跡開始我的毛烏素沙漠之旅。同是尋找，他在尋綠，我在尋沙。四十年前郭小川在毛烏素沙漠裡尋找到了烏審召的「草園子」；而我在綠色烏審尋找兩年有餘，驅車數千公里，卻未在毛烏素大地尋找到一處「一直衝向天的盡頭」的「濁浪般的沙丘」。

毛烏素沙漠你在哪呢？

如夢如幻巴圖灣

我在烏審大地苦苦搜尋著，許多接待過我的朋友、農牧民、基層幹部都知道我在尋找大明沙。我總是問及他們一個問題，你知不知道附近有沒有很大的沙漠？他們都說有。但仔細問及究竟在哪兒時？卻又回答不出來了。這樣的事情我遇到了許多。

　　我有時也問自己，我真的是在尋找毛烏素沙漠嗎？好像是，又好像不是。實際上我也知道，我只是在尋找這個過程，記錄這個過程。當年郭小川尋綠也好，我現在尋沙也好，都是在尋找、紀錄這個過程。後來，我索性就駐在無定河邊，靜下心來記錄這個過程。

　　我住的這個地方叫巴圖灣，本來是無定河的一部分，後來修了個大壩，用來水力發電，又有點三峽的味道。我住的薩拉烏蘇賓館就建在巴圖灣的南岸，透過房間的玻璃，窗外就像一幅好看的水墨畫。清澈的無定河水，奇幽的薩拉烏蘇大峽谷，還有層林盡染的毛烏素沙漠，就活靈靈地閃現在我的眼前。巴圖灣的早晨常常濃霧瀰漫，水霧不時在林中飄浮轉動，有時濃得只能讓人看見沙梁頂上的片片樹梢。我時常坐在房間裡，呆呆地看著大團大團的水霧在無定河北岸的樹林間穿梭，還有細蛇一樣的小道盤旋在毛烏素沙原上。我常常呆看到陽光灑來，水霧漸漸散去，北岸的毛烏素沙漠透出一片青翠。水碧天藍，我都能看到晶瑩的水珠在草尖上顫顫滑動。

　　這還是毛烏素沙漠嗎？

　　巴圖灣的老鄉們告訴我，無定河兩岸是大沙漠最多的地方，殷玉珍、烏雲斯慶、盛萬忠、牛玉琴這些全國綠化模範就誕生在這些大沙漠裡。我想郭小川先生若是看到毛烏素沙漠這般變化，會起多大的詩興。但在四十多年前，看著這「浩浩乎，平沙無垠」的毛烏素沙漠，詩人也停止了想像，開始嚴肅地計算一道數學題，那就是治沙英雄寶日勒岱們何時才能把烏審召沙漠栽遍沙蒿、沙柳？

「烏審召人告訴我們，如果按這七年來的速度，大概要三百年。」郭小川在文章中感慨道：「哦，三百年，如果三十年按一代計算，整整十代！」

郭小川感慨烏審召人為後代造福的英雄胸襟，也希望烏審召的後代在治沙上能用上「我們這一代所缺少的機械、原子能之類的東西」，以加快治沙的速度。

三百年太久，郭小川的希望，終於在四十餘年後的烏審大地變成了現實。於是，在綠色烏審的毛烏素沙漠裡，才出現了我這樣執著的尋沙人。

薩拉烏蘇旅遊區管委會的幾個小青年，幾乎都是在無定河兩岸毛烏素沙漠里長大的，他們對我感到奇怪。「這人咋跑到沙漠裡找沙漠來了？」

秘書小高是剛選調進管委會的一位中學歷史教師，不過二十幾歲，和我兒子的年紀差不多。他對我說：「肖老師，我常帶學生們在大沙梁上溜沙玩，我們那大沙子有的是。」我說：「是嗎？」過了幾天，他有點懊悔地對我說：「肖老師，你說得不錯，大明沙全讓草和樹蓋住了，我開車看了好多處……我咋覺著眼前都是大明沙，就像前兩天還見過的？」我拍了拍他的肩膀道：「我找了兩年多了。也許，我們對沙漠的記憶，都會出現偏差。」

那天，我們正在管委會食堂吃飯。食堂是一所簡陋的農居，廚師張嫂就是巴圖灣村裡的人。張嫂把食堂整理得乾乾淨淨的，農家飯手藝非常不錯。張嫂說小高：「你們學校是在鄉政府那塊，哪來的大明沙？回頭我叫我家掌櫃的，順河岸幫你找一找。」看來巴圖灣村的群眾要幫我尋沙了。

小高說他從小就在無定河兩岸玩耍，那時就順著大沙漠往河溝裡溜。河邊的沙灘上全是曬蓋的王八，水草叢裡還有許多小蝦，現在王八不多見了，小蝦還有的是。我說，小時候我在河北保定老家的時候，家門口就是大清河，有船隻直通白洋淀；那時河兩邊小魚小蝦多了去了。我們小時候在河裡用小笊籬

撈，一會就撈一洋瓷盆，回到家裡，我媽炸了給我吃，真香啊！我想起媽媽的炸小蝦，張嫂笑著說：「看肖老師饞得嚥口水哩！」

晚飯的時候，滿屋透著香氣，餐桌上擺著一盤紅紅的炸小蝦。張嫂告訴我，這是小高大中午跑去河邊水草叢裡撈來的。我問小高：「蝦好撈嗎？」小高說：「我找了個細篩子，在河灣水草多的地方，撈了這麼幾篩子，就回來了。找不到沙，我還逮不住蝦啊？」我嘗了一口小蝦，清香無比，細品，還有一絲青草與河泥的味道。

這天，管委會來了幾個客人，一看，都是在我這兩年來採寫綠色烏審時結識的蘇木和鎮裡的領導。管委會的領導邀客人們去無定河邊的「花花魚館」品嚐巴圖灣的魚。我去年在無定河南岸採訪時，曾在這個魚館吃過幾次飯。女老闆花花一見我就說：「肖老師，去年你不是要我幫你找大明沙嗎？我可是給你看下了一片大明沙。」我問：「在哪？」花花說：「雙降溝，明天下午我帶你去看。」

雙降溝我不太熟悉，但我知道就在無定河的南岸，似乎離巴圖灣村不算太遠。這幾個在無定河兩岸主政的鎮、蘇木的領導都說沒錯，雙降溝是有片大明沙。

第二天下午，小高開車，管委會的副主任燕飛泉陪我去雙降溝看大明沙。半路上，去花花魚館接上了花花。花花高興地對我說：「從去年我就給你打探上了，那可真是一片好明沙。」

車在無定河南岸的沙原公路上走著，閃入我眼簾的大都是一片一片的樟子松育苗基地，還有果園、葡萄園以及起伏的草場，林地。花花指著路，車走著走著，往西拐進了一大片樹林裡，沿著林中一條細細的沙土路七拐八拐地穿行著。我搖下車窗，夏風輕輕地撲了進來，頓感一陣透心的清爽。我望著密匝匝的樹林，眼前是無數在風中晃動的枝條樹葉，耳中淨是風掠樹葉的颯颯響聲。

花花說：「出了這片林子地，就能看見那片大明沙了。」

車子出了樹林，看見了一片非常開闊的莊稼地，有幾台高高的噴灌機在莊稼地裡轉圈噴著水，一團團水霧在陽光的折射下，泛著絢麗的彩虹。小高說這噴灌機是進口的，一百多萬一台。花花指著不遠處一家農舍道：「那是我二爺爺家，過了我二爺爺家，就看見西南那片大明沙了。原先這裡也全是大明沙，和那沙連著哩。」

過了那家農舍，往西南一看，果然看到了一片明沙。只是片有點太小了，大約有三五個足球場大小，而且是那麼孤立的一座沙峰，沒有絲毫「濁浪衝天」的氣勢，就像是一頭木呆呆的狸貓，靜靜地爬在無定河的南岸。在綠地藍天的映照下，黃黃的沙子發著金光，顯得特靜特美。

薩拉烏蘇初秋

花花問我：「是塊好明沙吧？」我笑了笑：「是塊好明沙。」燕飛泉說：「人家肖老師是想找塊大沙漠，就是那一眼望不到邊的，就像咱這地方過去那樣樣的……」花花道：「過去那樣的？這人咋敢想來哩……」

晚上吃飯時，我們還在說這件事情。張嫂悄聲地道：「我家掌櫃的騎著摩托車，開著船在河兩岸來回地找……」張嫂家「掌櫃的」是巴圖灣水庫護魚的，他的任務就是巡河驅趕偷魚的不法分子。這河道有幾十公里長，每天早起晚歸十分辛苦。小高問：「找見了沒有？過去這兩岸明沙多的……」張嫂笑著道：「找到了甚？我家掌櫃的衝我吼：『這林草茂密得連盜魚賊都藏得下，你讓我往哪去給他找大明沙？』」我們哈哈笑了起來。

笑著笑著，我竟然連淚水都溢了出來，說：「找到了，找到了。」他們不解地看著我。

我說，我要尋找的毛烏素沙漠就在烏審兒女的記憶裡。

2011 夏初稿寫於無定河巴圖灣水庫

初冬定稿於內蒙古鄂爾多斯

昌明文庫・悅讀中國 A0607012

尋找毛烏素：中國沙漠的綠色傳奇

作　　　者	肖亦農	
版權策畫	李煥芹	
發 行 人	陳滿銘	
總 經 理	梁錦興	
總 編 輯	陳滿銘	
副總編輯	張晏瑞	
編 輯 所	萬卷樓圖書股份有限公司	
排　　　版	菩薩蠻數位文化有限公司	
印　　　刷	維中科技有限公司	
封面設計	菩薩蠻數位文化有限公司	

出　　　版　昌明文化有限公司

桃園市龜山區中原街 32 號

電話 (02)23216565

發　　　行　萬卷樓圖書股份有限公司

臺北市羅斯福路二段 41 號 6 樓之 3

電話 (02)23216565

傳真 (02)23218698

電郵 SERVICE@WANJUAN.COM.TW

大陸經銷

廈門外圖臺灣書店有限公司

　　電郵 JKB188@188.COM

ISBN 978-986-496-433-8

2019 年 3 月初版

定價：新臺幣 360 元

如何購買本書：

1. 轉帳購書，請透過以下帳戶

　合作金庫銀行　古亭分行

　戶名：萬卷樓圖書股份有限公司

　帳號：0877717092596

2. 網路購書，請透過萬卷樓網站

　網址 WWW.WANJUAN.COM.TW

大量購書，請直接聯繫我們，將有專人為您

服務。客服：(02)23216565　分機 610

如有缺頁、破損或裝訂錯誤，請寄回更換

版權所有・翻印必究

Copyright©2019 by WanJuanLou Books CO., Ltd.

All Right Reserved　　　　　Printed in Taiwan

國家圖書館出版品預行編目資料

尋找毛烏素：中國沙漠的綠色傳奇 / 肖亦農

著.-- 初版.-- 桃園市：昌明文化出版；臺北

市：萬卷樓發行, 2019.03

　冊；　公分

ISBN 978-986-496-433-8(平裝)

1.報導文學 2.毛烏素沙漠

680　　　　　　　　　　　　108003121